Morgen stund

Constanze Guhr

Morgenstund

Rituale und Rezepte fürs Frühstück

GERSTENBERG

Vom Glück des Essens

Essen kann glücklich machen und es kann sogar heilende Fähigkeiten haben. Das Frühstück bietet dafür die ideale Voraussetzung, weil es so vielseitig sein kann.
In der japanischen Esskultur wird versucht, immer von allen Geschmacksrichtungen etwas in einer Mahlzeit anzubieten. Also salzig, sauer, süß, bitter und scharf. Ebenso wie fest und flüssig, heiß und kalt. Die Philosophie dahinter ist der Wunsch, Ausgeglichenheit zu erreichen. Und genau das bietet das Frühstück oder der Brunch. Beide können alle Geschmacksrichtungen vereinen. Damit ist natürlich nicht das klassische deutsche Schnellfrühstück mit Leberwurst- oder Käsebrötchen gemeint, sondern all die vielseitigen Speisen, die man auf ein leckeres Frühstücksbüfett stellen kann.

Frühstück gibt Energie

Frühstück kann Energie liefern oder Müdigkeit ausgleichen, aktiv und wach machen. Es kann mit Superfood zum Vitaminkick aufgepeppt werden oder einfach nur lecker sein.
Das Frühstück galt lange als die wichtigste Mahlzeit des Tages. Denn wie sagte schon meine Großmutter: »Frühstücke wie ein Kaiser, iss Mittags wie ein König und abends wie ein Bettler.«
Das Frühstück folgt auf die nächtliche Essenspause. Darauf weist auch der englische Ausdruck *Breakfast* hin, was so viel wie Fastenbrechen heißt.
Und warum essen viele Leute so gerne Eier zum Frühstück? Weil eiweißhaltiges Essen am Morgen den Kreislauf in Schwung bringen kann und vom Körper in Wärme umgewandelt wird.

Frühstück ist Genuss

Eine andere Angewohnheit meiner Großmutter hat sich allerdings überholt: Sie gab jedem Essensteilnehmer einen Namen, je nachdem, wie schnell er fertig war. König, Kaiser, Edelmann, Bürger, Bauer, Bettelmann. Wer zuletzt fertig war, und das war meistens ich, bekam den Titel

Bettelmann. Heute sind natürlich alle besser dran, die langsam essen und genießen. Man soll ja eigentlich auch 33 Mal kauen und das bei jedem Bissen. Jedenfalls ist Essen in Ruhe am besten verträglich.
Aber wann hat man dafür schon Zeit? In der Woche wohl eher nicht. Dafür gibt es dann Müsli und Porridge, das geht schnell und kann auch zur gesunden Portion Morgenglück werden. Ich liebe frühstücken, auch wenn ich eigentlich gerne lange schlafe. Aber heutzutage kann man ja auch spät frühstücken oder brunchen. Es gibt inzwischen endlich auch Cafés, die Frühstück bis abends anbieten.

Frühstücken kann man überall

Ich liebe Frühstücken im Café. Ich liebe Frühstücken im Hotel. Ich liebe Frühstücken mit Freunden. Ich liebe Geburtstagsfrühstücke und Frühstück am ersten Tag des Jahres.
Aber warum bin ich so ein Frühstücks-Fan? Ich glaube, es liegt an der Mischung aus süß und herzhaft, warm und kalt und den leckeren Getränken, die es dazu gibt. Und wenn man Zeit für das Frühstück hat und es auf einige Stunden ausdehnen kann, dann ist es noch mal so schön.
Es gibt unterschiedliche Morgenrituale und Routinen. Aber es lohnt sich, etwas mehr Augenmerk auf das Frühstück zu legen. Jeder Morgen ist wie eine neues leeres Blatt, das man erneut füllen kann. Den Tag entspannt und ohne Stress zu beginnen, hat etwas Verheißungsvolles.

Dieses Buch möchte eine Vielzahl von Morgenritualen für kreative Menschen vorstellen, kombiniert mit geistig fit machendem Essen und vielseitigen Anregungen, wie schon das Frühstück ein Teil des kreativen Denk- und Schaffensprozesses werden kann.
Gerichte, die Energie und Kraft liefern, sind ebenso dabei wie Wohlfühlessen, das man sich gönnen kann, wenn es mal nicht so rundläuft.

Das Frühstücksritual kann mit einer schönen Tischdecke, hübschem Geschirr, einer Kerze, viel Obst und frisch gepressten Säften sowie gutem Kaffee beginnen und am Wochenende, wenn man Zeit hat, auch Freunde einzuladen, endet es mit einem Dessert und noch mehr Kaffee. Zu einem reichhaltigen Frühstück gehören Salate, Suppen, Müsli, warme Speisen aus aller Welt und natürlich auch ein Glas Sekt. Zu viel auf einmal kann aber kein Mensch essen. Deshalb sollte man so oft wie möglich die Gelegenheit nutzen, lecker zu frühstücken. Es gibt vielerlei Arten, das Frühstück zu verbringen. Manchmal möchte man sich mit leckerem Essen trösten, wenn es einem nicht gut geht. Manchmal braucht man Kraft oder Energie. Das Frühstück kann sogar helfen, auf neue Ideen zu kommen, oder man genießt es einfach in vollen Zügen. So manche Künstler verbrachten den ganzen Morgen frühstückend im Bett. Dieses Buch liefert eine Vielzahl an Ideen, wie das Frühstück kreative oder geistig arbeitende Menschen unterstützen und begeistern kann. Und sogar für Gestresste ist es eine Wohltat.

Inhalt

MORGENRITUALE

Viele kreative Menschen lieben den Morgen und die verschiedenen Morgenrituale, sei es Meditation, Joggen oder Morgenseiten schreiben. Und in der Tat, Rituale stärken die innere Zufriedenheit, strukturieren den Tag oder geben Halt.
In den weiteren Kapiteln werden noch viele andere Möglichkeiten beschrieben, aus der alltäglichen Routine auszubrechen. Aber hier soll es erst mal um Ideen gehen, mit denen du dir deinen Morgen so strukturieren kannst, dass du voller Energie und Kreativität in den Tag starten kannst. Neben den Morgenritualen oder Übungen ist dabei auch die Nahrung ausschlaggebend. Mit den richtigen Zutaten kannst du sowohl deine geistige Energie als auch deine Konzentrationsfähigkeit erhöhen. Mit den richtigen Getränken kannst du ebenfalls dein Wohlbefinden unterstützen. Ab S. 64 findest du noch ein ganzes Kapitel mit Frühstücks-Brainfood.

GUTER
Kaffee
am MORGEN
vertreibt
KUMMER
und
Sorgen

DAS MORGENSEITENRITUAL

Morgenseitenschreiben ist eine hervorragende Journaling-Technik, die auf außergewöhnliche Weise die Kreativität anregen kann. Dabei füllt man direkt nach dem Aufwachen bis zu drei DIN-A4-Seiten mit allen Gedanken, die einem kommen.

Man mag dann vielleicht noch recht müde sein, aber das ist genau das Gute daran, weil die Gedanken so ungefiltert ihren Weg auf das Papier finden. Dabei soll man weder nachdenken noch das Geschriebene zensieren. Diese Technik stammt aus dem Buch »Der Weg des Künstlers« von Julia Cameron. Sie empfiehlt dabei, den inneren Kritiker zu ignorieren und sich einmal komplett »leer zu schreiben«. Das kann einen am Anfang etwas verunsichern oder auch frustrieren. Aber was auch immer einem in den Sinn kommt, ist erlaubt. Durchaus auch die Worte: »Ich weiß nicht, was ich schreiben soll«. Wenn du es aber eine Weile durchhältst, kann es sehr nützlich sein zum Loslassen negativer Gedanken und Emotionen.

Manchmal entstehen so auch die tollsten neuen Ideen oder naheliegende Lösungswege für Probleme werden sichtbar.

Du kannst dir dafür ein hübsches Buch oder Heft nehmen, in das du hintereinanderweg hineinschreibst. Manche mögen es auch, Dinge darin einzukleben oder Wünsche zu visualisieren.

Wenn man neu mit den Morgenseiten beginnt, sollte man sie ca. vier bis sechs Wochen nicht lesen. Danach kann man es tun und sich auch besondere Ideen oder Anregungen markieren.

Und weil das Morgenjournal zu neuen Ideen anregt, folgt hier eine neue Idee für ein Granolarezept. Es stammt aus Schottland.

Granola

Für 1 großes Glas

250 g Haferflocken, 175 g Roggenflocken, je 1 Handvoll Hasel- und Erdnüsse (gehackt), Sonnenblumenkerne und Sesamsamen, 100 ml Sonnenblumenöl, 100 ml Wasser, 2 EL brauner Zucker, 70 g Honig, je 1 Handvoll entsteinte Datteln und Rosinen (klein geschnitten)

Backofen auf 200 °C (Umluft: 180 °C) vorheizen. Hafer- und Roggenflocken, Nüsse, Sonnenblumenkerne und Sesam vermischen. Öl, Wasser, Zucker und Honig unter gelegentlichem Rühren vorsichtig erwärmen und Haferflockenmischung unterrühren.

Granolamischung auf einem mit Backpapier belegten Backblech verteilen und im vorgeheizten Backofen in etwa 20 Minuten goldbraun backen. Dabei nach der Hälfte der Backzeit einmal wenden.

Herausnehmen, abkühlen lassen und mit Trockenfrüchten gemischt bis zum Servieren in ein gut verschließbares Schraubdeckelglas füllen.

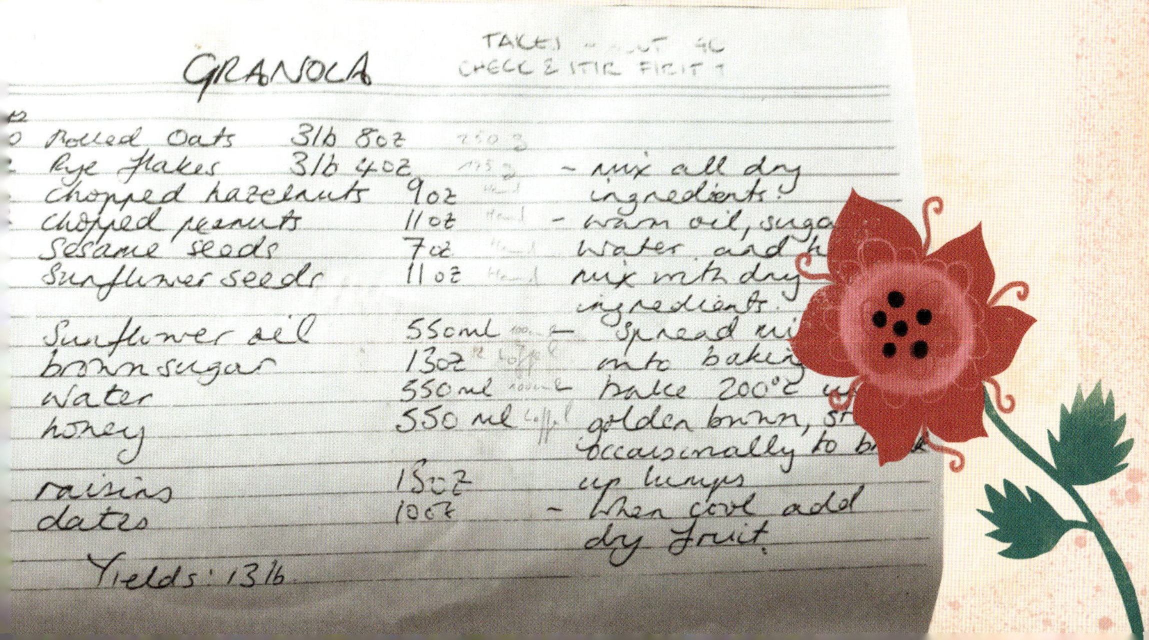

GRANOLA

Rolled Oats 3lb 8oz
Rye flakes 3lb 4oz – mix all dry ingredients!
chopped hazelnuts 9oz
chopped peanuts 11oz – warm oil, suga[r] water and h[oney]
Sesame seeds 7oz
Sunflower seeds 11oz mix with dry ingredients.
Sunflower oil 550ml – Spread mi[x] onto baki[ng]
brown sugar 13oz
Water 550ml – bake 200°C
honey 550 ml golden brown, st[ir] occasionally to b[reak] up lumps
raisins 15oz
dates 10oz – when cool add dry fruit.

Yields: 13lb

DANKBARKEITSRITUAL

Ein bisschen ähnlich wie die Morgenseiten ist das Dankbarkeitsritual. Du kannst es schriftlich machen oder nur in Gedanken. Setz dich mit einem wärmenden Getränk, zum Beispiel einem leckeren Chai-Tee, hin und schreib dir auf, wofür du dankbar bist. Das können ganz unterschiedliche Dinge sein, kleine und große, deine Wohnung, deine Partnerschaft, dein schönes neues Kleid, dass du immer Ideen hast oder Freunde, dass dir das Essen geschmeckt hat oder du einen Regenbogen gesehen hast. Versuche am Anfang wenigstens zehn Dinge zu finden, die dein Leben bereichern und für die du dankbar bist. Wenn du das eine Weile machst, entwickelst du automatisch einen riesigen Fundus an tollen Sachen, auf die du zugreifen kannst, wenn es dir mal nicht so gut geht. Du wirst entspannter und zufriedener. Spirituelle Menschen sind sogar davon überzeugt, dass Dankbarkeit der Schlüssel zum Glück schlechthin ist. Probier es doch einmal drei Wochen lang aus, vielleicht bemerkst du dann schon eine Veränderung in deinem Leben.
Dazu passt dieser köstliche Chai, er enthält viele leckere Gewürze, die sich positiv auf deine Stimmung auswirken können.

- Kombiniere deine eigene Mischung und koche jeweils 1 TL pro Gewürz in 1 Liter Wasser für 10 Minuten.
- Gieße den Sud durch ein Sieb in Tassen und gib Milch und Honig dazu.

Es gibt auch Varianten mit schwarzem Tee.

CHAI = TEE
↓
Чай
Chaitee = Teetee
· Nelken, ganz
· Sternanis
· Zimtstange
· Ingwer, frisch
· Kardamom
· Pfeffer
Power Chai

Achtsamkeitsritual

Von Achtsamkeit hast du sicher gefühlt schon zu viel gehört. Dennoch kann es als eine Entspannungstechnik eingesetzt werden. Es geht dabei um Langsamkeit und bewusste Wahrnehmung.
Am besten startest du mit Ruhe in den Morgen. Greif nicht als Erstes zum Smartphone, sondern lass dir etwas Zeit für deine Gedanken. Worauf freust du dich? Was hast du dir für den Tag vorgenommen?
Wenn du dir dein Frühstück ganz genau anschaust und nichts anderes dabei tust, als es bewusst zu essen, dann bist du vollkommen im Hier und Jetzt und kannst auch innerlich zur Ruhe kommen.
Viele finden es ein bisschen lächerlich, wenn sie stundenlang auf einer Rosine rumkauen sollen. Es ist allerdings erwiesen, dass langsam Essen und gründliches Kauen sehr gut für die Verdauung und das körperliche Wohlbefinden sind.
Achtsam frühstücken kannst du am besten mit Müsli, das du dir selbst zusammenstellst.

Ein gesundes Müsli besteht aus: Getreideflocken, Samen und Nüssen, getrockneten Früchten und Superfoods, also z. B. Lein- oder Chiasamen. Dazu frisches Obst. Als Flüssigkeit empfiehlt sich verdünnter Joghurt, Hafermilch oder auch Fruchtsaft.
Beim Essen kannst du nun versuchen herauszufinden, was du da gerade im Mund hast, wie welcher einzelne Bestandteil deines Müslis schmeckt oder sich anfühlt.
Mach das ruhig spielerisch. Wieviele verschiedene Geschmacksrichtungen findest du heraus? Was hast du da auf deinem Löffel? Iss langsam und kau: Wie verändert sich der Geschmack? Wird es zum Beispiel süßer oder saurer, wenn du kaust?
Diese Übung kann dich erden und gelassen machen. Danach kannst du kreativ in deinen Tag starten.

- Leinsamen
- Maulbeeren
- Cranberries
- Aronia
- Chiasamen

SUPERFOODs

Flüssiges

SAHNE
Apfelmus
Sanddornsaft
Mangomark
Joghurt
Kompott

frische Früchte

- BANANE
- KiWi
- Apfel
- Birne
- Heidelbeeren
- Himbeeren
- Erdbeeren
- Pfirsich

getrocknete FRÜCHTE

- Rosinen
- Aprikosen
- Mango
- FEIGEN
- Apfelringe

Samen und Co./Gewürze

- gepuffte Quinoa
- Kokosraspel
- Kakaonibs / Kakao
- Zimt
- Kardamom
- Amarant, gepufft
- Kurkuma
- Nüsse (not for me!)

JOGGEN AM MORGEN

Bewegung am Morgen tut sehr gut. Viele kreative Menschen berichten, dass sie beim Joggen oder konzentrierten Walken die besten Ideen haben. Das liegt an der Gleichmäßigkeit der Tätigkeit. Der Körper wird bewegt, der Geist kann frei umherschweifen und das kann dazu führen, dass einem etwas Neues einfällt.

Es kann aber auch sein, dass du nur über deine Einkaufsliste nachdenkst. Dann ist das so. Erzwingen kann man nichts, vielleicht klappt es beim nächsten Mal.

Um die Energiespeicher nach dem Laufen wieder zu füllen, bietet sich ein eiweißhaltiges Gericht an. Besonders gut geeignet ist eins mit Hülsenfrüchten, zum Beispiel Linsen. Diese lassen den Blutzuckerspiegel nur langsam ansteigen und das Sättigungsgefühl hält länger vor. Dies ist ein Rezept für ein indisches Linsengericht.

DAL

Für 4 Personen

Für das Dal: 200 g rote Linsen, 1 TL Kurkumapulver, 1 TL Öl, 1½ TL Salz,

Für das Tadka (eine Art würziges Öl): 1 Zwiebel, 1 grüne Chilischote, 20 g frischer Ingwer, ¼ Bund Koriander, 2 EL Rapsöl, 1 TL Kreuzkümmelsamen, 100 g Tomaten (gehackt), ½ TL Rohrzucker

DAL

Für das Dal Linsen in ein Sieb geben, gründlich unter fließendem kaltem Wasser abspülen und abtropfen lassen. Mit den restlichen Dal-Zutaten in einen Topf geben und bei mittlerer Hitze offen 15 bis 20 Minuten köcheln lassen. Dabei ab und zu umrühren und bei Bedarf noch etwas Wasser unterrühren.

Für das Tadka Zwiebel schälen und fein hacken. Chilischote waschen, trocken tupfen, entkernen und ebenfalls fein hacken. Ingwer schälen und fein reiben. Koriander waschen, trocken schütteln, Blätter abzupfen und grob hacken.

Öl in einer Pfanne erhitzen. Kreuzkümmelsamen etwa 1 Minute darin anrösten. Chili und Ingwer unterrühren. Nach etwa 1 Minute Zwiebel zufügen und etwa 5 Minuten anschwitzen. Tomaten, Zucker und Koriander unterrühren. Alles unter stetigem Rühren etwa 5 Minuten braten.

Tadka zum Dal geben und gut untermischen. Noch heiß servieren und Reis oder Naan (indisches Fladenbrot) dazu reichen.

Zeichnen am Morgen

Ein schönes Ritual ist es, am Morgen zu zeichnen. Dabei ist es egal, ob du zeichnen kannst oder es nur als Hobby machst. Es kann eine gute Methode sein, um abzuschalten und in einen kreativen Flow zu kommen. Dann wirkt es wie eine Meditation. Am einfachsten ist es, Gegenstände aus deinem Umfeld wie deine Teetasse oder dein Marmeladenglas, eine Pflanze oder etwas anderes, scheinbar Banales zu zeichnen. Du kannst mit Farben oder auch Materialien experimentieren. Und es kommt nicht darauf an, ob es gut wird, sondern, dass du es tust.

Hier ist eine kleine Liste an Ideen, die du wöchentlich variieren kannst. Du kannst daraus auch Muster entwickeln oder einfach in dein Skizzenbuch oder auf Post-its kritzeln:

- Schuhe
- Buchstaben
- Blumen
- Sonnenbrillen
- Früchte
- Augen
- Teekannen
- Herzen
- Regenbögen

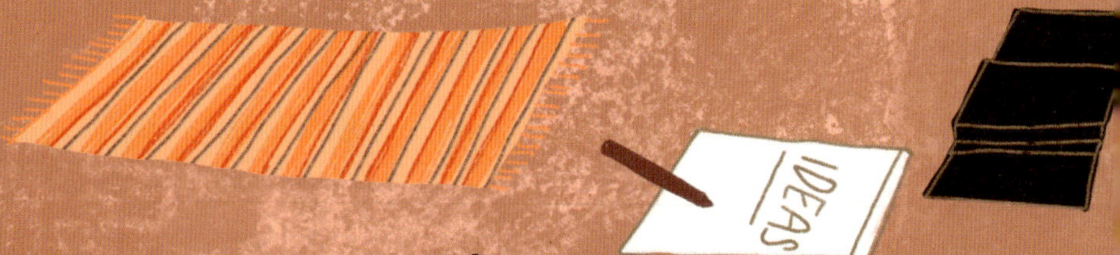

GRÜNER TEE

Dazu kannst du einen Tee trinken. Welcher Teetyp bist du?
Grüner Tee soll am gesündesten sein, aber auch Kräutertees haben eine angenehme Wirkung.
So fördert grüner Tee die Gedächtnisleistung, schützt den Körper und die Haut vor Alterung und die Knochen vor dem Brechen. Außerdem kann er nicht nur den Cholesterinspiegel senken und vor Alzheimer und Demenz schützen, er ist auch gut für die Leber.

MORGENRITUAL YOGA

Viele kreative Menschen praktizieren Yoga, manche als Sport, andere als spirituelle Praxis. Es gibt unendlich viele Arten von Yoga und es kann ein langer Prozess sein, es zu erlernen.

Aber es gibt eine sehr einfache Methode, mit Yoga den Morgen zu begrüßen. Das ist der Sonnengruß. Diese Abfolge von leicht zu lernenden Bewegungen dauert keine 5 Minuten. Du kannst sie natürlich auch ausdehnen und mehrmals hintereinander machen. Jedenfalls streckst du dabei deinen Körper, richtest dich auf und lässt die Energie fließen. Danach kannst du eine Tasse frisch zubereiteten Matcha Latte trinken.

Matcha ist auch eins dieser Superfoods. Er enthält viele Vitamine und Antioxidantien wie Polyphenole und einen Stoff namens EGCG, der Herz-Kreislauf-Erkrankungen vorbeugt. Die Konzentration dieser Stoffe ist in Matcha sogar besonders hoch, da es ein Pulver ist und man mehr davon nimmt als bei normalem grünem Tee.

Es kann sein, dass du Matcha anfangs zu bitter findest. Aber als Latte zubereitet, wird diese Bitterkeit abgemildert und zur Not kannst du auch noch etwas mit Honig oder Agavendicksaft süßen. Auf der folgenden Seite abgebildet ist die Abfolge des Sonnengrußes. Vielleicht hilft es dir aber auch, dir die Übung in einem Internetvideo anzusehen, damit du sie leichter nachvollziehen kannst.

MATCHA LATTE

Für 1 Person
1 TL Matcha (Grünteepulver),
100 ml heißes Wasser,
100 ml heiße Milch oder Hafermilch

Matcha mit heißem Wasser in eine Schale geben und mit einem Bambusbesen oder Schneebesen schaumig rühren.

Milch oder Hafermilch mithilfe eines Milchaufschäumers aufschäumen, langsam zum Matcha-Tee gießen und Matcha Latte warm genießen.

Morgens schwimmen

Wenn es bei dir in der Nähe einen See oder ein Schwimmbad gibt, kann es auch ein großartiges Morgenritual sein, einige Bahnen zu schwimmen. Das Prinzip ist das gleiche wie beim Joggen. Man tut seinem Körper etwas Gutes und durch die gleichmäßige Bewegung wird der Geist ruhig und entspannt, sodass die neuen Ideen fließen können.

Beim Schwimmen wird meist sehr viel Energie verbraucht. Du solltest also vorher unbedingt etwas getrunken und etwas Obst gegessen haben. Hinterher bist du sicher hungrig. Dann kannst du das folgende leckere Rezept aus Israel bzw. Palästina ausprobieren.

Sabich

Für 1 Person

1 Aubergine oder Zucchini, etwas Öl,
Salz, Pfeffer aus der Mühle,
etwas Knoblauchpulver, 1 Ei,
1 Weizentortilla oder Pitabrot (zum Aufbacken),
etwas Hummus (siehe S. 36),
etwas Gurken-Tomaten-Salat (siehe S. 73),
nach Belieben 1 TL scharfe Mangosauce

Sandwich- oder Backofengrill auf höchster Stufe vorheizen. Aubergine oder Zucchini putzen, waschen, trocken tupfen und in Scheiben schneiden. Öl mit etwas Salz, Pfeffer und Knoblauchpulver mischen und Aubergine oder Zucchini damit bepinseln. Im vorgeheizten Sandwich- oder Backofengrill in einigen Minuten goldbraun grillen.

Ei hart kochen, etwas abkühlen lassen, pellen und in Scheiben schneiden. Weizentortilla oder Pitabrot nach Packungsanweisung im vorgeheizten Backofen aufbacken. Fladen mit etwas Hummus, Tomaten-Gurken-Salat, gegrillter Aubergine oder Zucchini und Ei belegen und nach Belieben Mangosauce zugeben. Fladen zusammenklappen und noch warm genießen.

Tipp

Das Gericht kann auch kalt genossen werden. Am besten ist es, wenn man die Zutaten vor der Verwendung vorbereitet.

Meditation

Ein weiteres Morgenritual ist die Meditation. Es gibt stille Meditationen oder geführte, die du dir anhörst. Es gibt Gehmeditationen und meditative Entspannungsübungen. Manchen gelingt Meditation nicht, andere lieben es. Manch eine/r behauptet sogar, ohne Meditation nicht mehr leben zu können. Viele kreative Menschen nutzen die Meditation, um ihre Energie zu fokussieren oder gar in die Tiefen des Unterbewusstseins abzutauchen.

Etwas einfacher ist diese Brotbackmeditation. Viele sagen, dass Brotbacken etwas Meditatives hat. Es ist etwas ähnlich wie die Achtsamkeitsübung, nur dass hier noch die Hände dazukommen. Nämlich beim Kneten des Teiges. Backen ist eine Übung in Geduld, alles will mit Bedacht vermischt und verknetet werden. Sanft und kräftig kannst du deine Hände in der Schüssel den Teig bearbeiten lassen. Dabei bist du konzentriert und denkst an nichts anderes. Du willst es nicht schneller, sondern nimmst dir genau die Zeit, die es braucht. Am besten ist diese Backmeditation, wenn du wirklich dafür Zeit hast – keine störenden Geräusche, Handys, Kinder oder Arbeitstermine. Und eine schöne Schürze solltest du anziehen, dann steht deinem Backritual nichts mehr im Wege.

WEISSBROT

Für 1 Brot

½ Würfel frische Hefe (20 g),
450 ml lauwarmes Wasser, 1 Prise Zucker,
500 g Mehl (Type 1050) und etwas Mehl zum Arbeiten,
je ½ TL Anis- und Fenchelsamen,
3 TL Sesamsamen, 2 gestrichene TL Salz,
1 Päckchen Trockenhefe (7 g),
2 EL gemischtes Vollkornmehl (z. B. Roggen, Weizen, Dinkel und Buchweizen), 2 EL Olivenöl und etwas Öl für die Form

Hefe in eine große Schüssel bröseln. Mit 250 Milliliter lauwarmem Wasser und Zucker verquirlen. 150 Gramm Mehl untermengen. Vorteig zudecken und an einem warmen Ort etwa 30 Minuten gehen lassen, bis er Blasen wirft. Anis- und Fenchelsamen sowie Sesam in einer trockenen Pfanne bei mittlerer Hitze rösten, bis die Gewürze duften, und im Mörser zerstoßen.

Restliches Mehl in eine weitere Schüssel geben und gut mit Salz und Trockenhefe vermischen. Gewürze und Vollkornmehl untermengen. Olivenöl und restliches lauwarmes Wasser verrühren, zum Vorteig geben und alles mit den Knethaken eines Handrührgeräts oder in einer Küchenmaschine verkneten. Mehl-Trockenhefe-Mischung unter ständigem Kneten nach und nach zufügen.

Teig mit den Händen so lange verkneten, bis er geschmeidig ist und sich vom Schüsselrand löst. Bei Bedarf etwas mehr Wasser zugeben.

Backofen auf 60 °C (Umluft: 40 °C) vorheizen. Teig auf einem bemehlten Brett oder einer Arbeitsfläche nochmals kurz von Hand durchkneten, in eine gefettete, bemehlte Kastenform geben und andrücken. Backofen ausschalten. Kastenform mit einem feuchten, sauberen Küchentuch bedecken und Teig im warmen Ofen etwa 30 Minuten gehen lassen, bis er sein Volumen verdoppelt hat.

Form herausnehmen. Backofen auf 200 °C (Umluft: 180 °C) vorheizen. Brot im vorgeheizten Backofen etwa 10 Minuten backen, Ofentemperatur auf 190 °C (Umluft: 170 °C) reduzieren und Brot in etwa 45 Minuten fertig backen. Auf einem Kuchengitter abkühlen lassen, aus der Form stürzen und servieren.

TIPP

Dazu passt selbst gemachte Marmelade aus frischen oder TK-Früchten, z. B. Himbeeren (siehe S. 29) oder Schwarzen Johannisbeeren (siehe S. 28). Letztere enthalten so viel eigenes Pektin, dass sie mit normalem Rohrzucker zubereitet werden können, sodass kein zusätzliches Geliermittel nötig ist.

Roh gerührte Johannisbeermarmelade

Für 2 Gläser
250 g Schwarze Johannisbeeren,
250 g Rohrzucker,
etwas Zitronensaft

Johannisbeeren waschen, in eine Rührschüssel geben und Rohrzucker zufügen. Mit einem Stabmixer pürieren und etwas Zitronensaft untermischen.

In sterilisierte Schraubdeckelgläser füllen, verschließen und im Kühlschrank aufbewahren. Hält sich bis zu 14 Tage.

Roh gerührte Himbeermarmelade

Für 2 Gläser
250 g Himbeeren,
250 g Gelierzucker,
etwas Zitronensaft

Himbeeren waschen, in eine Rührschüssel geben und Gelierzucker zufügen. Mit einem Stabmixer pürieren und etwas Zitronensaft untermischen.

In sterilisierte Schraubdeckelgläser füllen, verschließen und im Kühlschrank aufbewahren. Hält sich bis zu 14 Tage.

MONTAGSRITUAL

Wenn die Woche wieder losgeht, sind manche Menschen schon gestresst. Zu viele Aufgaben warten, der Trott beginnt wieder und es droht Überforderung.
Aber das muss nicht so sein. Du kannst auch die Woche mit einem schönen kleinen Ritual beginnen. Begrüße doch mal den Montag und freue dich, dass du schöne Dinge erschaffen kannst. Das ist eine Einladung, den Blick auf den Wochenanfang zu verändern.
Vielleicht kannst du eine kreative Minizeit in den Morgen einbauen? Zum Beispiel eine Minizeichnung von einem Gegenstand auf deinem Tisch anfertigen oder ein Lied singen oder ein schönes Wort schreiben. Es muss gar nicht lange dauern, sondern soll dich motivieren und für die neue Woche inspirieren.
Mit diesem leckeren, total schnell gemachten Brotaufstrich, den du dir auch in einem Glas mit in die Arbeit nehmen kannst, gelingt es dir bestimmt. Dieses Rezept ist eine Abwandlung des Frischkäse-Dattel-Aufstrichs »Sultans Freude«. Total simpel und extrem lecker.

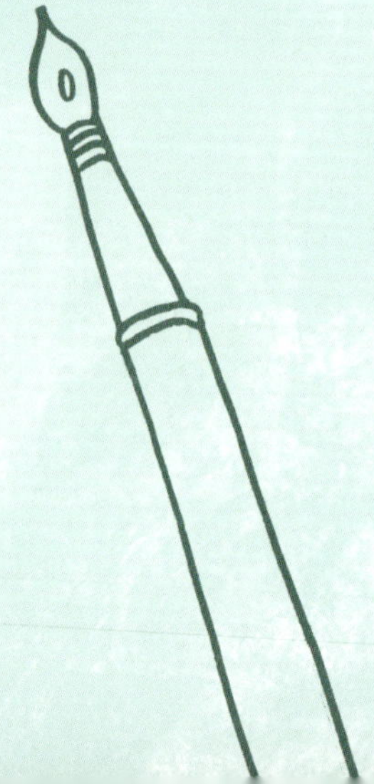

FATIMAS FREUDE

Für 1 Glas

250 g körniger Frischkäse, 2 EL Olivenöl,
1 TL Schwarzkümmelsamen,
1 EL Aprikosen oder Feigen (klein geschnitten),
einige Granatapfelkerne, Salz, Pfeffer aus der Mühle

Frischkäse und Öl verrühren, Schwarzkümmel, Aprikosen oder Feigen und Granatapfelkerne unterrühren, mit Salz und Pfeffer abschmecken und sofort servieren oder bis zur Verwendung in ein sauberes Glas füllen und kühl stellen.

FRÜHSTÜCKSORTE

Ortswechsel sind eine tolle Methode, um sich Inspiration zu holen. Es müssen ja nicht gleich große Reisen nach Übersee sein, auch ein kleiner Ortswechsel kann schon dazu beitragen, dich anzuregen oder dich auf neue Gedanken zu bringen. Such dir doch mal einen Ort, wo du noch nie gefrühstückt hast. Die nächste erreichbare Stadt oder ein See, ein Park oder ein Museumscafé. Sicherlich fällt dir auch noch mehr ein.

Camping-Frühstück

Beim Campen oder Zelten bist du ziemlich unabhängig. In manchen Ländern ist es erlaubt, überall eine Nacht zu campen oder zu zelten. Sonst gibt es Zeltplätze an allen Ecken, ob an Seen, Wäldern, am Meer oder in der Nähe großer Städte.
Im Campingbus kannst du dem Stress der Großstadt entfliehen. Nicht umsonst erlebt er gerade wieder eine Renaissance. Es gibt sogar Mietbullis für den charmant entspannten Urlaub auf vier Rädern. Und das Internet ist voll von Einrichtungsideen, um den eigenen Vintage-Wohnwagen aufzupimpen.
Wenn du etwas umweltfreundlicher verreisen möchtest, kannst du auch mit dem Fahrrad und dem Zelt reisen oder mit dem Paddelboot. Auch beim Zelten kann meist nicht so üppig gekocht werden wie zu Hause. Manchmal reicht der Campingkocher nur zum Kaffee- oder Eierkochen. Daher ist es total praktisch, wenn du Nahrung dabei hast, die nicht so schnell verdirbt, wie Honig, Hummus, Gemüse und andere Lebensmittel, die nicht ständig gekühlt werden müssen. Zum Beispiel diese Falafel. Die lassen sich gut vorbereiten und halten sich einige Tage ungekühlt.

Falafel

Für 4 Personen

250 g getrocknete Kichererbsen,
je 1 Bund Petersilie und Koriander, 3 Knoblauchzehen,
je 1 TL Salz, Kreuzkümmel- und Korianderpulver,
nach Belieben etwas Pfeffer aus der Mühle, Paprikapulver und
Cayennepfeffer, 2 EL Mehl, 1 TL Backpulver,
etwas Öl zum Braten

Kichererbsen über Nacht in ausreichend kaltem Wasser einweichen, in einem Sieb gründlich abspülen und abtropfen lassen. Kräuter waschen, trocken schütteln und Blättchen abzupfen. Knoblauch schälen und grob hacken.

Kichererbsen in einen Standmixer geben, Kräuter, Knoblauch und Gewürze zugeben und alles pürieren, bis ein homogener Teig entstanden ist. Mehl und Backpulver zufügen und gut untermischen.

Reichlich Öl in einer Pfanne auf hohe Temperatur erhitzen. Aus dem Teig gleich große Bällchen formen, im heißen Öl von allen Seiten etwa 3 Minuten knusprig braten und sofort servieren oder vollständig abkühlen lassen und bis zum Servieren luftdicht aufbewahren.

Hummus

Für 4 Personen
2 Knoblauchzehen,
4 EL Tahin (arabische Sesampaste),
4 EL Olivenöl, Saft von 1 Zitrone,
1 Dose Kichererbsen (Abtropfgewicht 250 g),
bei Bedarf etwas kaltes Wasser,
etwas Kreuzkümmelpulver, Salz

Knoblauch schälen und pressen oder fein hacken. Zusammen mit Tahin, Öl und Zitronensaft in einen Standmixer geben.

Kichererbsen abtropfen lassen, dabei Abtropfflüssigkeit auffangen. Abtropfflüssigkeit zu den Zutaten im Mixer geben und alles grob mixen. Kichererbsen nach und nach zugeben und alles pürieren, bis eine sämige, luftige Masse entstanden ist. Bei Bedarf etwas kaltes Wasser untermixen.

Hummus mit Kreuzkümmel und Salz abschmecken und z. B. als Dip oder Aufstrich servieren.

Tipp

Tahin erhält man beispielsweise in Bio- oder in arabischen Lebensmittelläden. Am besten verwendet man die helle Variante, da die dunklere recht bitter schmeckt.

HUMMUS

FRÜHSTÜCK IM BETT

Wer nie im Bett sein Frühstück aß,
weiß nicht, wie Krümel piken.

Diesen Spruch habe ich nie gemocht. Weder reimt er sich, noch stimmt es. Krümel lassen sich ja relativ leicht wieder aus dem Bett befördern. Aber was wirklich schwierig ist, ist die liegende Haltung, in der man essen oder trinken soll. Am besten funktioniert das Frühstück mit einem Tablett auf Beinen oder einem englischen Kissentablett. Darauf lassen sich auch die Eier im Glas (siehe Rezept auf der folgenden Seite) abstellen, deren Vorteil es ist, dass sie nicht geschält werden müssen. Einige berühmte Schriftsteller oder Künstler verbrachten ganze Vormittage im Bett. Zum Beispiel Marcel Proust oder Truman Capote und Christoph Schlingensief. Ganz berühmt sind auch John Lennon und Yoko Ono, die im Bett blieben, um für den Frieden zu demonstrieren. Da das Bett der Ort ist, wo man sich eher wenig bewegt, bleibt mehr Energie für den Geist. Deshalb kann es durchaus möglich sein, dass dir am Morgen ganz viele tolle Einfälle kommen. Arbeiten und frühstücken im Bett ist also nicht dekadent, sondern überaus produktiv. Also probier es einfach mal aus.
Übrigens hat das mit Faulheit nichts zu tun. Nur falls du jetzt die Stimme deiner Eltern im Kopf hast. Geistige Arbeit verbraucht 25 Prozent der Energie, die du am Tag benötigst.

Du brauchst:
ausreichend Zeit
ein Tablett mit Beinen
ein Glas frisch gepressten Saft
eine Etagere mit Schinken, Lachs, Käse
frisches Obst und Joghurt, am besten geschichtet im Glas
einen Korb voll Brot, etwas Butter, Eier im Glas
eine große Tasse oder eine Tasse mit Untertasse (mit Kaffee oder Tee)
sowie Teller, Besteck und Servietten

Ferner nach Belieben Zeitungen oder Zeitschriften bzw. Sekt und Kerzen (für ein romantisches Frühstück zu zweit)
Falls du alleine im Bett frühstückst, kannst du dir noch ein Notizbuch bereitlegen, falls dir interessante Ideen kommen.

Eier im Glas

Für 2 Personen
etwas Butter für die Gläser, 4 Eier,
Salz, Pfeffer aus der Mühle,
einige Petersilien- oder Basilikumblättchen zum Garnieren

Zwei feuerfeste Gläser einfetten. Eier aufschlagen und je 2 Eier in die Gläser geben. Gläser in einen Topf mit ausreichend Wasser stellen. Das Wasser sollte dabei so hoch wie die Füllung stehen. Wasser erwärmen und Eier etwa 10 Minuten im heißen Wasserbad erhitzen, bis das Eiweiß gestockt ist. Gläser vorsichtig aus dem Wasserbad nehmen, Eier mit etwas Salz und Pfeffer bestreuen und sofort mit Kräuterblättchen garniert servieren.

Gartenfrühstück

Die Natur beruhigt und entspannt. Das ist eine Binsenweisheit. Selbst wenn gerade Mücken- oder Wespenalarm droht, ändert dies nichts daran, dass es eine Tatsache ist.

Nun leben viele Menschen in großen oder größeren Städten und haben nicht alle einen Garten. Wo kannst du also einen Garten finden, wo du dann auch frühstücken könntest?
Vielleicht hast du Freunde mit Garten, die du besuchen kannst, oder es gibt eine Urban-Gardening-Initiative. Manchmal tut es auch schon ein begrünter Innenhof oder ein Hochbeet auf dem Dach. Vielleicht bekommst du auch einen Platz in einer Kleingartenanlage? Oder du setzt dich einfach in den Park.

Aber nehmen wir einmal an, du hast Zugang zu einem Garten, wo du auch etwas ernten kannst. Dann kannst du das Frühstück mit deiner eigenen Ernte anreichern.

Oft lässt es sich in Gärten oder Innenhöfen nicht ganz so komfortabel kochen wie zu Hause. Die Gurkensuppe, die ich dir hier empfehle, kommt fast ohne Kochen aus. Nur die Eier müssen gekocht werden, aber das könntest du auch schon zu Hause vorbereiten. Diese Suppe ist eine Abwandlung eines bulgarischen und eines polnischen Rezeptes, die in einem Sommerurlaub am See entstanden ist. Sie ist besonders geeignet, wenn das Frühstück an heißen Tagen stattfindet.

Gurkensuppe

Für 4 Personen

4 Eier, 2 Salatgurken, 5 Radieschen,
2 Frühlingszwiebeln, 2 Knoblauchzehen,
1 Bund Dill, Salz, Pfeffer aus der Mühle,
1 l Buttermilch

Eier in ausreichend Wasser etwa 10 Minuten hart kochen, abschrecken und abkühlen lassen.

Gurken und Radieschen waschen, trocken tupfen und fein raspeln. Frühlingszwiebeln putzen, waschen, trocken tupfen und in feine Ringe schneiden. Knoblauch schälen und pressen. Dill waschen, trocken schütteln, Fähnchen abzupfen und grob hacken.

Gurken, Radieschen, Frühlingszwiebeln und Knoblauch in einer Schüssel vermischen und kräftig salzen und pfeffern. Buttermilch zugießen und Dill zufügen.

Zutaten gut verrühren und nochmals abschmecken. Suppe in Suppenschälchen anrichten. Eier schälen, halbieren, zur Suppe geben und Suppe sofort servieren oder bis zum Servieren kühl stellen.

FRÜHSTÜCK IM ZUG

Reisen bildet, regt zu neuen Ideen an, macht Spaß und erweitert den Horizont. Um dir den Weg zu deinem Ziel so angenehm wie möglich zu machen, kannst du dir deine kleine Kühltasche mit leckerer Verpflegung mitnehmen.
Was sich gut im Zug essen lässt: hart gekochte Eier, kleine Gemüsesticks wie Paprika, Gurke oder Karotten, festes Obst wie in Stücke geschnittene Äpfel, getrocknete Früchte oder Nüsse und natürlich belegte Brote.
Das alles lässt sich gut ohne riesige Plastiktüten oder Alufolie in kleinen Dosen transportieren.
Wenn du eine besonders lange Zugfahrt vor dir hast, steht Abwechslung auf dem Programm. Du könntest zum Beispiel die Zugfahrt in Etappen einteilen und nach einer gewissen Zeit eine Frühstückspause einlegen.

Sehr lecker sind die Brote mit verschiedenen Varianten von Kräuterbutter. Die passen sehr gut zu Gemüsesticks.
Gute Fahrt!

KRÄUTERBUTTER

– mit Wildkräutern –

Für 1 kleines Glas

100 Gramm Butter mit 2 Esslöffeln klein geschnittenen Wildkräutern (z. B. Bärlauch, Knoblauchrauke, junger Löwenzahn) und etwas Salz vermischen.

TOMATENBUTTER

Für 1 kleines Glas

100 Gramm Butter mit 2 Esslöffeln Tomatenmark, etwas Pfeffer und Salz sowie 1 Prise Zucker vermischen.

Kümmelbutter

Für 1 kleines Glas

100 Gramm Butter mit 1 Teelöffel Kümmel und Salz vermischen.

Currybutter

Für 1 kleines Glas

100 Gramm Butter mit 1 Teelöffel mildem Currypulver und etwas Salz vermischen.

Es gibt noch unzählige andere Buttervarianten, z. B. mit Senf, klein gehackten gebratenen Pilzen, Schnittlauch und klein gehackten Radieschen, Knoblauch, Zitrone usw. Die Butter jeweils mit Pfeffer und Salz abschmecken.

Picknick am See

Picknicks sind eine tolle Erfindung. Das Schöne daran ist, dass man sich zu mehreren treffen kann und jeder etwas anderes mitbringt. Dazu sitzt man auf dem Boden und alles kann sehr unkompliziert sein.

Für ein Picknick suchst du dir eine schöne Stelle im Freien, zum Beispiel an einem See oder im Freibad, in einem Park oder sogar auf einer Lichtung im Wald.

Ein Picknickkorb ist natürlich sehr schick, aber wenn du keinen hast, kannst du auch einfach eine Kühltasche nehmen. Um Abfall zu vermeiden, nimmst du am besten Emailletassen und -teller.

Zu einem perfekten Picknick-Brunch gehören außerdem folgende Dinge: Picknickdecke, Sitzunterlagen, Geschirrtücher/Küchentücher, Servietten, Besteck, Korkenzieher, Flaschenöffner. Und selbst gemachte Limonade passt auch toll dazu.

Selbst gemachte Limonade

Als Basis nimmt man 1 Teil Zitronensaft und 1 Teil Rohrzucker. Das Ganze wird mit 8 Teilen Wasser aufgefüllt und verrührt. Diese Mischung kann jetzt mit frischen Orangen- oder Pfirsichscheiben, halbierten

Kirschen, Granatapfelkernen, Himbeeren, Blaubeeren, Erdbeeren, Roten Johannisbeeren, frischer Minze oder 1 Teelöffel selbst gemachter Marmelade (siehe S. 28 f.) verfeinert werden.

KREATIVE IDEEN

Manchmal, wenn alles irgendwie langweilig erscheint oder man in eingefahrenen Bahnen feststeckt, hilft Abwechslung. Oder etwas Neues ausprobieren oder auch mal albern sein. Vor allem Albernheit und Rumblödeln ist eine tolle Möglichkeit, die Kreativität zurückzubekommen. Die lässt sich nämlich immer wieder erwecken, sie kann nicht verloren gehen. Vor allem gemeinsam mit anderen Menschen, zum Beispiel bei einem ausgedehnten Brunch. Kreativität ist ein bisschen wie ein Muskel; du kannst sie trainieren.

Deshalb kommen hier ein paar ausgefallene Frühstücksideen.

REGENBOGENFRÜHSTÜCK

Hast du schon mal versucht, deinen Frühstückstisch so zu decken, dass alle Farben des Regenbogens vorkommen und auch noch richtig sortiert sind?
Der Regenbogen hat sieben Farben. Wenn du alle Farben auf einem Teller anrichten willst, dann probier doch mal Melonenpizza.

MELONENPIZZA

Dazu schneidest du aus einer großen Melone eine 2 Zentimeter dicke Scheibe heraus und garnierst sie mit allen Früchten, die passen.

Gelb – Apfel oder Bananen
Orange – Orangenscheiben oder Physalis
Rot – Himbeeren oder Erdbeeren
Lila – Pflaumen oder Feigen
Blau – Blaubeeren
Grünblau – Minzblätter
Grün – Kiwischeiben

Kreativ-Brunch

Eins der schönsten Rituale ist das Treffen mit anderen kreativen Menschen. Wie wäre es mit einem regelmäßigen Kreativ-Brunch, zum Beispiel einmal im Quartal? Nun magst du vielleicht sagen, dass du dafür keine Zeit hast. Aber tatsächlich ist es so, dass regelmäßige Pausen die Kreativität erhöhen. Der Austausch mit anderen kann außerdem sehr inspirierend sein. Und wenn es dabei noch lustig zugeht, und das tut es in der Regel, wenn sich viele Kreative treffen, dann kannst du damit ganz leicht deine Energiespeicher füllen. Was jeder mitbringen kann, könnt ihr vorher besprechen. Wenn es gerade Frühsommer ist, dann sind beispielsweise Rhabarbertörtchen eine sehr leckere Idee.

Rhabarbertörtchen

Für 8 Stück

Für den Teig: 220 g Dinkelmehl und etwas Mehl für die Arbeitsfläche, 80 g Vollrohrzucker, 120 g Butter und etwas Fett für die Form, 1 Ei

Für die Füllung: 250 ml Milch, ½ Päckchen Vanillepuddingpulver, 1 Päckchen Vanillezucker, 3 EL Zucker, 2 Eigelb, 2–3 Stangen Rhabarber, 50 ml Wasser

Teigzutaten zu einem homogenen Mürbeteig verkneten und etwa 30 Minuten kalt stellen.

Aus Milch, Puddingpulver, Vanillezucker und 1 Esslöffel Zucker nach Packungsanweisung einen Pudding zubereiten. Topf vom Herd nehmen und Eigelbe nacheinander unterrühren.

Rhabarber putzen, schälen, waschen und in dünne Scheiben schneiden. Mit restlichem Zucker und Wasser kurz aufkochen und etwa 1 Minute unter Rühren kochen lassen, bis sich der Zucker aufgelöst hat. Vom Herd nehmen, in einem Sieb abtropfen und abkühlen lassen.

Backofen auf 180 °C (Umluft: 160 °C) vorheizen. Teig aus dem Kühlschrank nehmen, zwei Drittel des Teigs in acht gleich große Portionen teilen und jeweils auf einer bemehlten Arbeitsfläche kreisförmig dünn ausrollen. Acht kleine gefettete Kuchenformen mit dem Teig auslegen und jeweils einen Rand formen.

Puddingcreme auf dem Teig verteilen und Rhabarber daraufgeben. Restlichen Teig ausrollen, Kreise ausstechen, die so groß wie die Kuchenförmchen sind, auf die Törtchen setzen und Ränder andrücken.

Törtchen im vorgeheizten Backofen etwa 25 bis 30 Minuten backen. Herausnehmen, auf einem Kuchengitter vollständig abkühlen lassen, aus den Förmchen lösen und servieren.

Apfelpfannkuchen

Für 4 Personen
250 g Mehl,
2 Eier, 200 ml Milch,
50 g Butter und etwas Butter zum Ausbacken,
ca. 250 ml Wasser, 2 Äpfel (in dünne Scheiben geschnitten)

Mehl, Eier, Milch und zerlassene Butter verquirlen. Nach und nach so viel Wasser zugeben und unterrühren, bis die Mischung eine sahneartige Konsistenz hat. Teig etwa 30 Minuten ruhen lassen.

In einer großen beschichteten Pfanne etwas Butter zerlassen und mit einem Silikonpinsel verteilen. Jeweils eine Teigportion mit einer Suppenkelle abnehmen, in die Pfanne geben und Pfanne schwenken, damit sich der Teig gleichmäßig darin verteilt.

Einige Apfelscheiben gleichmäßig auf dem Teig verteilen. Teig etwa 2 Minuten auf einer Seite ausbacken, wenden und auf der anderen Seite ebenfalls etwa 2 Minuten backen, bis die Apfelscheiben weich geworden sind. Mit dem restlichen Teig ebenso verfahren, bis der Teig komplett verbraucht und ausgebacken ist. Fertig gebackene Pfannkuchen warm oder kalt servieren.

Tipp

Das Rezept lässt sich das ganze Jahr über zubereiten. Wenn man die Apfelscheiben weglässt, lassen sich die Pfannkuchen auch herzhaft servieren und zum Beispiel mit Lachs, Frischkäse und Dill füllen.

Bio
WEIZEN
MEHL
1000g
MI
1L

DESSERTS

Das Tolle bei einem Brunch ist die Vielfalt der Speisen. Wenn bei einer Brunch-Einladung alle Gäste etwas mitbringen, lernt man immer auch etwas Neues kennen. Einige Ideen aus diesem Buch, die super zu einem Brunch passen, sind Mangold-Quiche (siehe S. 81), verschiedene Kuchen, Pancakes (siehe S. 114), Kartoffeltortilla (siehe S. 66), selbst gemachtes Brot (siehe S. 26), Marmelade (siehe S. 28 f.), Falafel (siehe S. 35), Hummus (siehe S. 36) und »Fatimas Freude« (siehe S. 31), verschiedene Buttervarianten (siehe S. 42 f.), Guacamole (siehe S. 71) und Salate. Besonders beliebt bei Brunches sind Desserts. Hier ein paar Ideen:

Pannacotta

Obstsalat

Rote Grütze mit Vanillesauce
Götterspeise
Milchreis mit Zimt

Badewannenfrühstück

So wie es Künstler*innen gibt, die im Bett arbeiten, leben und auch frühstücken, gibt es auch solche, die in der Badewanne besonders kreativ sind. Das Bad kann ein wunderbarer Rückzugsort sein, es ist abschließbar, warm und meist ruhig, der ideale Ort also, um seinen Gedanken nachzuhängen oder neue Ideen einzufangen.

Und natürlich kannst du auch in der Wanne frühstücken. Idealerweise etwas, das du schon vorbereitet hast, wie zum Beispiel das French Toast auf der folgenden Seite.
Alles, was du noch brauchst, ist ein Badewannenbrett, auf dem du deinen Teller abstellen kannst, und ein kleines Handtuch, damit du trockene Hände hast. Und wenn du aus deinem Bad eine Wohlfühloase machen möchtest, kannst du dir außerdem Kerzen anzünden, einen dezenten Duft oder eine Duftlampe benutzen und dir Musik anmachen.

Hinweis: Das Wasser sollte um die 36–38 °C haben und die Badesession nicht länger als 30 Minuten dauern. So die Empfehlung. Wer es gut verträgt, kann natürlich auch länger baden.

French Toast

Für 1 Person
1 Ei, 50 ml Milch, 1 Prise Salz,
2 Scheiben altbackenes Toastbrot,
1 EL Butter zum Braten

Ei in einem tiefen Teller mit Milch und Salz verquirlen. Toastscheiben jeweils kurz in die Ei-Milch-Mischung legen, dabei einmal wenden. (Die Scheiben sollten dabei nicht aufweichen.)

Butter in einer großen Pfanne erhitzen und Toastscheiben darin von jeder Seite in etwa 3 Minuten goldbraun braten. Auf Küchenpapier abtropfen lassen und heiß servieren.

Tipp

Wer es süßer mag, kann etwas Agavendicksaft oder 1 Teelöffel Vanillezucker und etwas Zimt unter die Eiermilch mischen. Zum French Toast passen frische Früchte, Nüsse oder Ahornsirup.

Farbenfrühstück

Probier doch einmal, deinen Frühstückstisch nur in einer Farbe zu decken und Frühstücksgerichte in der entsprechenden Farbe zu servieren. Zum Beispiel in Pink. Neben pinken Früchten wie Himbeeren oder Joghurt mit Johannisbeermarmelade kannst du zum Beispiel Rote-Bete-Creme oder Rote-Bete-Salat anrichten.

Wenn du den Frühstückstisch stattdessen lieber in Orange decken möchtest, servierst du einfach Orangenmarmelade und einen orangefarbenen Smoothie und dazu die leckere Karotten-Ingwer-Suppe auf der folgenden Seite.

Karotten-Ingwer-Suppe

Für 6 Personen
500 g Karotten, 2 Zwiebeln,
3 EL Öl, etwas Orangensaft,
Salz, Pfeffer aus der Mühle,
1,5 l Gemüsebrühe,
40 g frischer Ingwer, 100 g Sahne,
3 EL Schnittlauchröllchen zum Garnieren

Karotten schälen und in feine Scheiben schneiden. Zwiebeln schälen und fein hacken.

Öl in einem großen Topf erhitzen und Zwiebeln darin anschwitzen.

Karotten zufügen und unter gelegentlichem Rühren etwa 5 Minuten anbraten. Mit Orangensaft ablöschen und mit Salz und Pfeffer würzen. Gemüsebrühe unterrühren und alles halb zugedeckt etwa 10 Minuten köcheln lassen.

Ingwer schälen, grob würfeln, zugeben und Suppe etwa 10 Minuten weiterköcheln lassen.

Sahne unterrühren, Suppe einmal aufkochen lassen und mit einem Stabmixer pürieren. Mit Salz und Pfeffer abschmecken, in Suppenschälchen anrichten und mit Schnittlauch garniert servieren.

WHITE BRUNCH

WHITE BREAKFAST

Eine Idee, die es als *White Dinner* oder *Diner Blanche* schon zu Berühmtheit gebracht hat, kannst du ebenso gut für eine Frühstücks- oder Brunch-Einladung adaptieren.
Alle Gäste sind weiß gekleidet und alle Speisen sind weiß.
Als Getränke bieten sich hier Milchshakes oder Bananen-Smoothies an.
Latte Macchiato oder Tee mit Milch sind auch erlaubt. Natürlich auch Lassi, Ayran, Kefir, Hafermilchshake oder der japanische Milch-Softdrink Calpico.
Weiße Speisen können sein: Weißbrot, Joghurt, Quark, Frischkäse, Mozzarella, Kohlrabi- oder Selleriesuppe, Baiser, Kuchen mit Zuckerguss oder Forellenmousse (siehe folgende Seite).

FORELLENMOUSSE

Für 8 Personen

400 g geräucherte Forellenfilets (ohne Haut),
250 g Mascarpone, 3 EL Zitronensaft, 6 EL Kapern,
½ TL Salz,1 Prise Pfeffer aus der Mühle,
2 EL Dill (fein gehackt)

Forellenfilets von etwaigen Gräten befreien, zerteilen und in eine Schüssel geben. Restliche Zutaten zufügen und das Ganze mit einem Stabmixer zu einer glatten Creme verrühren.

Bis zum Servieren etwa 1 Stunde durchziehen lassen.

TIPP

Wer möchte, kann den Mascarpone auch durch Doppelrahmfrischkäse ersetzen.

FRÜHSTÜCK FÜR NACHTSCHWÄRMER

Wenn du eine lange Partynacht oder eine Ausstellungseröffnung, Theaterpremiere oder eine Nachtschicht für ein dringendes Projekt hattest und erst ganz früh am Morgen zurückkommst, ist es gut, wenn du etwas zu essen im Haus hast. Das kannst du dir schon am Nachmittag vorher zubereiten. Am besten eignet sich dafür etwas Sättigendes, das du ohne viel Aufwand essen kannst. Das kannst du auch noch morgens um fünf zu dir nehmen.
Dafür eignet sich beispielsweise Auberginenmus. Zusammen mit Fladenbrot oder Baguette und etwas Olivenöl ist es sehr lecker. Die Zubereitung ist etwas aufwendiger, aber es lohnt sich.

AUBERGINENMUS

Für 4 Personen

2–3 Auberginen,
2 Knoblauchzehen,
Pfeffer aus der Mühle, Salz, etwas Zitronensaft

Backofen auf 220 °C (Umluft: 200 °C) vorheizen. Haut der Auberginen rundum mehrmals mit dem Messer einstechen. Auberginen auf ein mit Backpapier belegtes Backblech setzen und im vorgeheizten Backofen etwa 30 Minuten backen, bis die Schale dunkel und das Fruchtfleisch butterweich ist. Herausnehmen und abkühlen lassen.

Knoblauch schälen und durch eine Knoblauchpresse drücken. Auberginen längs halbieren. Fruchtfleisch mithilfe eines Löffels herauslösen und mithilfe einer Gabel fein zerdrücken. Auberginenmus mit Knoblauch verrühren und mit Pfeffer, Salz und Zitronensaft abschmecken. Bis zum Servieren kalt stellen.

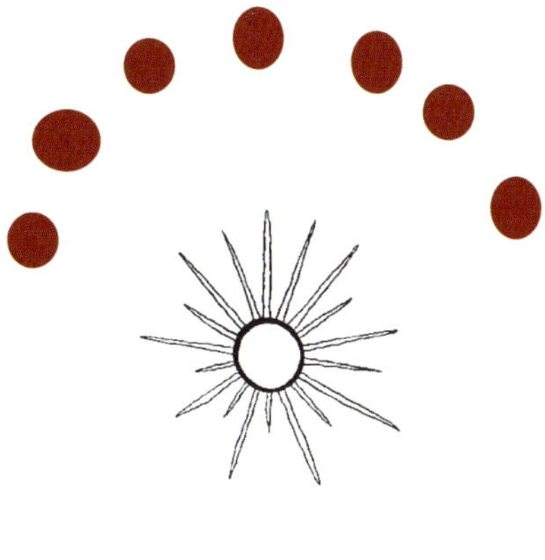

FRÜHSTÜCK ALS BRAINFOOD

Mit der Auswahl deines Frühstücks kannst du deine Kreativität oder Konzentrationsfähigkeit ankurbeln.
Denn in der Nacht wird die im Körper gespeicherte Energie verbraucht und das Gehirn, die roten Blutkörperchen und deine Nervenzellen benötigen neue Energie (vorrangig in Form von Glukose). Die kannst du durch ein gesundes Frühstück wieder auffüllen. So beugst du Konzentrationsschwierigkeiten, Müdigkeit und Heißhungerattacken vor.

Die langkettigen Kohlenhydrate
stecken nicht in Weißbrot, Croissants und Co., sondern in Vollkornbrot und Müsli, sogar in Kartoffeln. Diese langkettigen Kohlenhydrate führen dazu, dass dein Gehirn längerfristig mit Energie versorgt wird.

Eiweiß ist ebenso wichtig für das Gehirn und den Körper, da seine Bestandteile, die Aminosäuren, als wichtige »Baustoffe« körpereigener Eiweiße dienen. Für das Gehirn ist Eiweiß wichtig als Stützsubstanz und als Bestandteil der Botenstoffe, die die Nervensignale übertragen.

Gesunde Fette sind vor allem einfach und mehrfach ungesättigte Fette, die zum Beispiel in Fisch, Hanföl, Avocado und Nüssen stecken. **Omega-3-Fettsäuren**, die zum Beispiel in Lachs und Forellen enthalten sind, wirken sich positiv auf die Gehirnleistung aus.

Außerdem gibt es noch viele Lebensmittel voller gesunder Nährstoffe wie Vitamine, Spurenelemente, Mineralien und Ballaststoffe. Die können in den sogenannten *Superfoods* stecken, aber auch in Nüssen oder sogar Brokkoli.

Vitamin B12 ist beispielsweise gut für das Gehirn, wichtig für die Zellerneuerung und das Nervensystem. Es steckt neben Fleisch und Fisch auch in Eiern und Milchprodukten.

Damit dein Gehirn gut arbeiten kann, ist es wichtig, dass du ausreichend trinkst. Minimum sind 1,5 Liter *Flüssigkeit*, vor allem Wasser oder ungesüßte Tees. *Grüner Tee*, der sehr viele Antioxidantien enthält, ist besonders gut für das Gehirn. Flüssigkeitsmangel führt dazu, dass Sauerstoff und Nährstoffe langsamer durch den Körper und zum Gehirn transportiert werden. Und das führt zu Konzentrationsschwierigkeiten, Müdigkeit oder sogar Kopfschmerzen.

Kerne und Nüsse wie Cashewkerne oder Paranüsse, aber auch Bananen, enthalten viel *Magnesium*, das besonders bei Stress wichtig für Körper und Gehirn ist.

Wusstest du eigentlich, dass das Gehirn zwar nur 2 Prozent deines Körpergewichts ausmacht, aber 25 % der Energie verbraucht? Bei mentalen Anstrengungen – und nichts anderes ist ja kreative Arbeit – benötigt das Gehirn sogar besonders viel Brennstoff.

Ein gutes und gesundes Frühstück sollte deshalb aus einer Mischung von langkettigen Kohlenhydraten und Eiweiß und auch guten Fetten bestehen.

Deshalb folgt hier eine Reihe von leckeren Frühstücksrezepten, mit denen du deine Zellen schützen kannst und deinen Körper und dein Gehirn optimal versorgst. So kannst du kreativ sein und dich lange konzentrieren.

Also Eiweiß + Kohlenhydrate = Energie.

Dazu passt das Rezept

Kartoffeltortilla

Für 6 Personen

1,3 kg festkochende Kartoffeln, Salz,
6 rote und grüne Paprikaschoten,
1 große Zwiebel, 3 Knoblauchzehen,
6 EL Olivenöl, Pfeffer aus der Mühle,
9 Eier, 300 ml Milch, 1 Prise Cayennepfeffer,
2 EL frische Petersilie (fein gehackt) zum Garnieren

Kartoffeln schälen und etwa 15 Minuten in ausreichend kochendem Salzwasser vorgaren. In ein Sieb abgießen, abkühlen lassen und in nicht zu dünne Scheiben schneiden.

Paprikaschoten putzen, waschen, trocken tupfen und in Streifen schneiden. Zwiebel und Knoblauch schälen und fein hacken.

Öl in einer großen Pfanne erhitzen. Kartoffeln darin etwa 5 Minuten braten, dabei gelegentlich wenden. Paprika, Zwiebel und Knoblauch zugeben und 5 bis 6 Minuten mitbraten. Mit Salz und Pfeffer würzen.

Eier und Milch verquirlen und kräftig mit Salz, Pfeffer und Cayennepfeffer würzen.

Mischung über die Kartoffeln gießen und zugedeckt bei geringer Hitze in 15 bis 20 Minuten stocken lassen. Tortilla mithilfe des Pfannendeckels oder eines Pfannwenders wenden und von der anderen Seite etwa 5 Minuten anbraten. Mit Petersilie garnieren und noch heiß oder abgekühlt servieren.

RÜHR-EI

Mit:

- Kräutern
- TOMATEN und PAPRIKA
- LACHS
- CHAMPIGNONS
- Speck

Rührei

Wenn du dir ein richtig eiweißhaltiges Frühstück gönnen möchtest, dann ist Rührei genau das Richtige.
Rührei ist sehr einfach zuzubereiten. Einfach Eier in eine gefettete Pfanne schlagen, auf dem Herd erwärmen – rühren, salzen – fertig. Trotzdem kann hier natürlich auch etwas schiefgehen. Du könntest zum Beispiel vergessen, Fett in die Pfanne zu geben, oder deine Pfanne ist nicht beschichtet, dann bleibt die Eimasse kleben und wird trocken. Wenn du dein Rührei luftiger magst, kannst du die Eier zuvor in einer Schüssel mit etwas Milch verrühren.

Das Rührei lässt sich einfach aufpeppen. Du könntest zum Beispiel etwas klein geschnittenen Speck und Zwiebeln anbraten und dann erst die Eier zugeben.

Oder du verfeinerst die Rühreier mit folgenden Zutaten:

- frische, klein geschnittene Kräuter wie Schnittlauch, Petersilie oder Bärlauch
- fein gewürfelte Tomaten und Paprikaschoten
- gebratene Champignons und fein gewürfelter Räucherlachs

Oder du verwendest spezielle Gewürze und Würzmittel wie Rauchsalz, Cayennepfeffer, Trüffelöl oder Tabasco.

Zu Rührei passen auch Avocados sehr gut, die noch dazu reich an gesunden Omega-3-Fettsäuren sind. Eine Alternative ist der mexikanische Avocado-Dip Guacamole, der sich nach Belieben mit Zitronensaft oder fein gehackten Zwiebeln variieren lässt.

GUACAMOLE

Für 1 Person
1 reife Avocado,
Salz, Pfeffer aus der Mühle,
nach Belieben 1 kleine rote Zwiebel (fein gehackt) oder etwas Zitronensaft

Es gibt zwei oder sogar drei Guacamolefraktionen. Die, die sie mit Zwiebeln essen, die anderen, die sie mit Zitronensaft mögen, und die Dritten, die sie ganz pur mögen.

Avocado halbieren und entkernen. Fruchtfleisch mithilfe eines Löffels herauslösen, mit einer Gabel zerdrücken und cremig rühren.

Avocadomus salzen und pfeffern, nach Belieben mit fein gehackten Zwiebeln oder Zitronensaft verfeinern und servieren.

FRÜHSTÜCK IM BÜRO

Wer kennt es nicht? Kaum hast du gefrühstückt und bist aus dem Haus, schon kommt wieder Hunger auf. Die Mittagspause ist noch weit. Oder du hast es gar nicht geschafft, zu Hause zu frühstücken und machst das erst im Büro. Auf jeden Fall bietet es sich an, etwas Leckeres und Gesundes mitzunehmen. Einen Salat im Glas zum Beispiel oder Müsli mit Joghurt und Früchten.
Das kannst du einfach am Abend vorher vorbereiten und dann mitnehmen. Folgende Salate sind einfach und schnell zuzubereiten, kommen mit wenig oder gar keinem Dressing aus, halten sich recht gut, sollten aber bis zum Verzehr gekühlt werden:

Pastasalate

Gegarte, abgetropfte und abgekühlte kurze Nudeln wie Fusilli oder Penne mit

- Pesto, Tomatenwürfeln, gewürfeltem Mozzarella und klein geschnittenen Oliven oder
- Tomatenwürfeln, Paprikastücken, klein geschnittener Avocado, getrockneten Tomaten, Rucola, Parmesan und Pinienkernen.

Couscoussalat

mit klein geschnittenen Tomaten, Gurken und grob gehackter Petersilie (Taboulé)

Oder du probierst den Gurken-Tomaten-Salat mit Schafskäsedressing auf der folgenden Seite. Zum Transport eignen sich am besten zwei Gläser, eins für den Salat und eins für das Dressing. In einer kleinen Kühltasche hält sich der Salat auch ohne Bürokühlschrank.

GURKEN-TOMATEN-SALAT MIT SCHAFSKÄSEDRESSING

Für 4 Personen

Für den Salat: 400 g Tomaten, 1 Salatgurke, ½ Zwiebel

Für das Dressing: 4 EL Olivenöl, 1 EL Weißweinessig, Salz, Pfeffer aus der Mühle, 200 g Schafskäse

Für den Salat Tomaten putzen, waschen, trocken tupfen und in mundgerechte Stücke schneiden.

Gurke schälen und grob würfeln. Zwiebel schälen und in feine Ringe schneiden. Salatzutaten in einer großen Schüssel vermengen.

Für das Dressing Öl, Essig sowie etwas Salz und Pfeffer verrühren. Schafskäse sehr fein hacken und unter das Dressing mischen.

Salat und Dressing jeweils in gut verschließbare Gläser füllen und kühl stellen. Zum Verzehr Dressing mit dem Salat vermengen und vor dem Servieren etwa 5 Minuten ziehen lassen.

Vitamine

Um zusätzliche Vitamine kannst du dein Frühstück zum Beispiel mit Smoothies oder Säften bereichern. Frisch gepresste Säfte und frisch zubereitete Smoothies sind dabei am gesündesten, weil sie noch alle Vitamine enthalten. Diese stecken bei vielen Früchten (und Gemüsesorten) vor allem in der Schale. Ein guter Stand- oder Smoothie-Mixer schafft es auch, die Schale (z. B. von Äpfeln oder Birnen) zu zerkleinern. Aber Vorsicht, mit Fruchtsäften nimmst du schon eine ganze Menge Fruchtzucker zu dir.

Viel gesundes Vitamin C steckt zum Beispiel in Johannisbeeren und Zitronen. Auch Ingwer enthält viel Vitamin C, außerdem Magnesium, Kalzium und Eisen. Ingwer wirkt ferner antibakteriell. Für einen Vitaminkick sorgt zum Beispiel das Rezept auf der folgenden Seite:

Ingwer-Shot

Für ca. 5 Shots
1 Zitrone, 50 g frischer Ingwer,
etwas Agavendicksaft

Zitrone auspressen, Ingwer schälen und in kleine Stücke schneiden. Zitronensaft und Ingwer mit etwas Agavendicksaft in einen Standmixer geben und alles fein pürieren. Saft in eine saubere Flasche abfüllen und kühl stellen. Der Ingwer-Shot hält sich im Kühlschrank etwa 5 Tage.

Tipp

Jeweils ca. 10 Milliliter der hochkonzentrierten Mischung als Shot trinken. Um die Schärfe etwas abzumildern, kann man nach Geschmack noch andere Säfte wie z. B. etwas naturtrüben Apfelsaft zugeben.

PORRIDGE

GESUNDES EIWEISS

Porridge ist ein sehr leckerer und gesunder Frühstücksbrei aus Haferflocken oder Hafermehl. Er stammt ursprünglich aus Schottland und war dort ein etwas gewöhnungsbedürftiges, fades Gericht, da er nur mit Wasser zubereitet wurde. Tatsächlich kann er aber sehr lecker sein, zum Beispiel, wenn er zu einem Teil aus Kokosmilch oder Hafermilch besteht und mit verschiedenen Früchten serviert wird. Er lässt sich auch aus Quinoa oder Amarant zubereiten oder aus Dinkelflocken. Warum aber ist Porridge so gut für Gehirn und Körper?

Hafer ist sehr gesund, da er neben den Kohlenhydraten auch rund 14 % Eiweiß enthält, was besonders für den Muskelaufbau nach dem Sport oder die gesunde Entwicklung bei Kindern sehr wichtig ist. Außerdem sind die Kohlenhydrate in Haferflocken langkettig. Das bedeutet, sie machen länger satt, weil der Körper länger braucht, um sie aufzuspalten. Der Vorteil ist: Es kommt zwischen den Hauptmahlzeiten seltener zu Heißhungerattacken, weil der Blutzuckerspiegel nur langsam ansteigt. In Haferflocken ist außerdem jede Menge Biotin enthalten, das gut für die Haut und die Nägel ist und das Cholesterin im Blut senken kann. Kein Wunder, dass Haferflocken, Overnight Oats (siehe S. 79) und Porridge so im Trend liegen.

Kombiniert mit frischem Obst und etwas Sahne, bekommt dein Körper alle Nährstoffe, die er braucht, und es schmeckt so gut.
Wenn du etwa Quitten hast, die es von September bis November gibt, kannst du daraus Kompott kochen und zum Porridge reichen (siehe Rezept auf der folgenden Seite). Quitten lassen sich roh nicht essen, sie sind aber sehr gesund, da sie mehr Vitamin C als Äpfel enthalten.

SCHOKO-PORRIDGE MIT QUITTEN-KOMPOTT UND AMARANT

Für 1 Person

Für den Porridge: ½ Tasse Haferflocken, ½ Tasse Wasser, 1 Tasse Milch (alternativ: Hafer- oder Kokosmilch), 1 TL Kakaopulver, 1 Prise Salz

Für das Quittenkompott: 1 Quitte, 3 EL Wasser, etwas Agavendicksaft

Zum Garnieren: etwas gepuffter Amarant

Alle Zutaten für den Porridge in einem Topf vermischen, zum Kochen bringen und einige Minuten köcheln lassen, bis der Haferbrei die gewünschte Konsistenz hat.

Für das Quittenkompott Quitte gründlich waschen, Kerngehäuse und harte Stellen entfernen und Fruchtfleisch in kleine Stücke schneiden. Mit Wasser in einen Topf geben und Agavendicksaft unterrühren. Etwa 10 bis 15 Minuten köcheln lassen und vom Herd nehmen.

Porridge mit Quittenkompott in einer Schale anrichten und mit etwas gepufftem Amarant garniert servieren.

FRÜHSTÜCK FÜR GESTRESSTE ELTERN

Wer morgens oft nur wenig Zeit hat, aber trotzdem ein gesundes Frühstück zu sich nehmen will, das außerdem auch noch Kindern schmeckt, kommt an Overnight Oats nicht vorbei. Overnight Oats, auch ONOs genannt, sind einfach Haferflocken, die schon am Abend vorher mit Milch vermischt werden. Und wenn du gar keine Zeit hast oder gerade alles zu viel ist, dann reich dazu einfach Apfel-Mango-Mus aus dem Glas.

Aber auch frisches Obst wie Blaubeeren, Bananenscheiben oder Apfelstücke lassen sich ruckzuck dazugeben. Und wenn du die einzelnen Portionen in ein Schraubdeckelglas füllst, kannst du deine ONOs sogar mit zur Arbeit nehmen oder deinen Kindern mit in die Schule geben.

OVERnight OATS

Für 1 Glas

je 1 Aprikose, Feige und Pflaume, 50 g Haferflocken, 150 ml Milch oder Pflanzenmilch, 1 EL Chiasamen

Früchte waschen, trocken tupfen, gegebenenfalls entkernen und klein schneiden. Alle Zutaten in ein Schraubdeckelglas geben, gut verrühren und über Nacht kalt stellen. Am nächsten Morgen nochmals durchrühren und genießen.

Frühstücksideen für ein Brainstorming

Wenn neue Ideen gefragt sind oder der Blick mal aus der Box herausgehen soll, bietet sich ein Brainstorming an. Der Hinweis sei erlaubt, dass dafür Zeit nötig ist. Es ist Denken pur. Deshalb braucht man dafür einen gesunden Snack, der das Gehirn auf Trab bringt, wenn die Energie nachlässt.

Da die meisten Menschen am Vormittag die meiste Energie haben, bietet sich diese Zeit auch für ein Brainstorming an und diese leckere Mangold-Quiche ist das ideale zweite Frühstück (Kohlenhydrate + Eiweiß = Energie).

Mangold ist außerdem sehr gesund, weil er einen hohen Gehalt an Mineralstoffen wie Eisen, Phosphor, Kalium und Magnesium hat, außerdem Vitamin C und A enthält und gut für die Verdauung ist.

Jetzt magst du sagen: »Mangold hab ich noch nie gegessen, kenn ich nicht, will ich nicht …«

Aber hey, du machst doch gerade Brainstorming, dabei geht es doch um neue Ideen und Offenheit für Unbekanntes. Mangold lässt sich sehr leicht zubereiten und schmeckt wie Spinat (Blätter) oder gar Spargel (Stängel).

Mangold-Quiche

Für 1 Quiche

Für den Mürbeteig: 250 g Mehl oder Vollkornmehl und etwas Mehl für die Arbeitsfläche, 125 g kalte Butter (in Würfeln) und etwas Fett für die Form, 1 Ei, 1 Prise Salz

Für die Füllung: ca. 300 g Mangold, 1 Knoblauchzehe, etwas Öl zum Braten, Pfeffer aus der Mühle, Salz, gemahlener Koriander, Cayennepfeffer

Für den Guss: 3 Eier, 200 g Schmand oder Crème fraîche, 150 g Sahne, Salz, Pfeffer aus der Mühle, etwas frisch geriebene Muskatnuss

Zutaten für den Mürbeteig zu einem geschmeidigen Teig verkneten, zu einer Kugel formen und, in Frischhaltefolie gewickelt, etwa 30 Minuten kühl stellen.

Für die Füllung Mangold waschen, trocken tupfen und in Stücke schneiden. Knoblauch schälen und fein hacken. Öl in einer Pfanne erhitzen und Knoblauch und Mangold darin anbraten, bis der Mangold zusammenfällt. Mit Pfeffer, Salz, Koriander und etwas Cayennepfeffer würzen und beiseitestellen.

Für den Guss Eier mit Schmand oder Crème fraîche und Sahne verquirlen und kräftig mit Salz, Pfeffer und Muskat würzen. Backofen auf 200 °C (Umluft: 180 °C) vorheizen.

Teig auf einer bemehlten Arbeitsfläche kreisförmig ausrollen, in eine gefettete Springform (26 cm Durchmesser) legen und einen ca. 3 Zentimeter hohen Rand andrücken.

Füllung auf dem Teig verteilen und Guss gleichmäßig darübergeben. Im vorgeheizten Backofen etwa 30 Minuten backen, herausnehmen und noch warm servieren.

Käse-Quiche

Es geht aber auch deftiger. Vielleicht hat ja gerade niemand Appetit auf Gemüse. Eine feine Schlemmerei mit ganz viel Käse ist diese Quichevariation:

Für 1 Quiche
125 g kalte Butter und etwas Fett für die Form,
125 g Mehl und etwas Mehl für die Form und die Arbeitsfläche,
½ TL Salz, 400 g Greyerzer,
3 Eier, 200 g Sahne,
200 ml Milch,
Salz, Pfeffer aus der Mühle,
1 Prise Cayennepfeffer

Käsequiche

Butter würfeln und in eine große Schüssel geben. Mit Mehl vermengen, bis eine bröselige Masse entsteht. Salz und 3 Esslöffel eiskaltes Wasser zufügen. Teig mit den Händen verkneten und zu einer Kugel formen. In Frischhaltefolie einwickeln und kurz kühl stellen.

Backofen auf 200 °C (Umluft: 180 °C) vorheizen. Eine Springform (28 cm Durchmesser) einfetten und mit Mehl bestreuen. Teig auf bemehlter Arbeitsfläche zu einem Kreis ausrollen, der etwas größer als die Form ist. In die Form legen, festdrücken und einen Rand hochziehen. Boden mehrmals mit einer Gabel einstechen.

Käse grob raspeln. Eier, Sahne und Milch verquirlen. Mit Salz, Pfeffer und Cayennepfeffer würzen. Käse untermengen und Käsemischung in der Form verteilen. Quiche in etwa 45 Minuten goldbraun backen. Vor dem Servieren 10 Minuten ruhen lassen.

Tipp

Den Greyerzer durch mittelalten Gouda oder Emmentaler ersetzen, dann wird die Quiche etwas milder. Besonders mild wird sie mit Comté, dem französischen Rohmilchhartkäse.

Frühstück zur besseren Konzentration

Wenn du deine Konzentration erhöhen willst oder weißt, dass du heute viel davon brauchst, dann kannst du entweder Nüsse essen oder Chiasamen.

Chiasamen sind ein geniales Lebensmittel. Sie gelten als verdauungsfördernd, weil sie stark quellen. Außerdem sind sie voller Antioxidantien, die eine zellschützende Wirkung haben, und ihr Eisengehalt ist höher als der von Spinat. Sie enthalten ferner etwa 16 % wertvolles Eiweiß und bis zu 30 % mehrfach ungesättigte Fettsäuren.

Beides ist gut fürs Gehirn und damit für die Konzentration.
Wer lieber etwas Regionales möchte, kann auch geschrotete Leinsamen nehmen, die sind genauso gut.

Chia-Pudding mit Mangosauce

Für 2 Personen
15 g Chiasamen,
100 ml Flüssigkeit (z. B. Apfelsaft oder Hafermilch),
etwas Naturjoghurt oder griechischer Joghurt,
etwas Mangosauce oder -püree (aus dem Bioladen),
nach Belieben einige Granatapfelkerne zum Garnieren

Chiasamen zusammen mit der Flüssigkeit in eine Schüssel geben und einige Minuten mithilfe eines Schneebesens verrühren, damit sich keine Klumpen bilden.

Mischung etwa 30 Minuten im Kühlschrank quellen lassen, bis sie eine puddingartige Konsistenz hat. Chia-Pudding jeweils zur Hälfte in Gläser füllen, Joghurt darübergeben und mit etwas Mangosauce oder -püree toppen. Nach Belieben mit Granatapfelkernen garnieren und servieren.

Tipp

Der übermäßige Verzehr von Chiasamen kann zu Verdauungsbeschwerden führen. Daher wird empfohlen, eine Tagesmenge von 15 Gramm nicht zu überschreiten.

Frühstück für Meetingpausen

Wenn du in einem eher langweiligen Meeting sitzen musst, kann es schon mal sein, dass die Kreativität total in den Keller rutscht. Stundenlanges Sitzen, schlechte Luft und uninspirierende Vorträge sind dafür hauptsächlich verantwortlich. Das Angebot auf dem Keksteller vor dir lässt auch zu wünschen übrig.
Besser ist da schon eine richtige Pause, Fenster auf und lüften, ein paar Schritte Bewegung und ein leckerer Mixsalat mit Ziegenkäse und Birne (siehe folgende Seite). Die Kohlenhydrate in der Birne geben sofort Energie und stärken die Nerven. Der Ziegenkäse sorgt für die gesunde Portion Eiweiß. Damit füllst du deine Energiespeicher wieder auf.

Mixsalat mit Ziegenkäse und Birne

Für 2 Personen

Für den Salat: 100 g gemischter Salat, 8 Kirschtomaten, ½ Salatgurke, 1 Birne, 150 g Ziegenkäse (Rolle) oder Schafskäse mit Ziegenmilch, nach Belieben einige essbare Blüten

Für das Dressing: 1 TL Balsamico, 1 TL Dijonsenf, 1 TL Honig, ½ TL Salz, Pfeffer aus der Mühle, 3 EL Olivenöl

Salat waschen und trocken schleudern. Tomaten waschen, trocken tupfen und vierteln, Gurke schälen und in kleine Stücke schneiden. Salat, Tomaten und Gurke in einer Schüssel vermischen.

Birne waschen, trocken tupfen, entkernen und in schmale Streifen schneiden, Ziegen- oder Schafskäse in Scheiben oder Würfel schneiden.

Dressingzutaten bis auf das Öl in einem Schälchen verrühren, Öl zugeben und alles vermischen. Dressing über den Salat geben und untermischen.

Birne und Ziegenkäse auf dem Salat verteilen, Salat nach Belieben mit essbaren Blüten garnieren und servieren.

Brokkoli – das Superfood

Auf der folgenden Seite findest du ein Rezept für eine leckere Brokkolicremesuppe, die du zu einem Brunch anbieten kannst. Warum gerade Brokkoli?

Er zählt zu den gesündesten Gemüsesorten, die wir haben, wird regional angebaut und ist nicht teuer. Dafür steckt er aber voller Überraschungen:
Er enthält jede Menge Eisen und Kalzium, sehr viel Vitamin C (115 mg/100 g) und viel Vitamin A (146 µg/100 g) sowie Inhaltsstoffe, die krebshemmend und blutzuckersenkend sind und die Haut vor schädlicher UV-Strahlung schützen. Außerdem kann Brokkoli beim Abnehmen helfen, da er kaum Kalorien enthält. (Natürlich nicht bei dieser Variante einer Cremesuppe.)
Zusätzlich enthält Brokkoli Folsäure, die sich sehr gut auf die Gedächtnisleistung auswirkt.

Brokkolicremesuppe

Für 4 Personen

500 g Brokkoli, 2–3 Kartoffeln, 1 Zwiebel, etwas Öl zum Braten, ca. 1 l Gemüsebrühe, Salz, Pfeffer aus der Mühle, etwas Zitronensaft, 200 g Schmand oder Crème fraîche, einige Sonnenblumenkerne zum Garnieren

Brokkoli putzen, waschen, trocken tupfen und in Röschen teilen. Kartoffeln und Zwiebel schälen. Zwiebel grob hacken, Kartoffeln und Brokkoli klein schneiden. Öl in einem großen Topf erhitzen und Gemüse darin einige Minuten anbraten. Brühe zugießen, aufkochen und etwa 15 Minuten köcheln lassen, bis der Brokkoli weich ist.

Suppe vom Herd nehmen und mithilfe eines Stabmixers pürieren. Mit Salz, Pfeffer und Zitronensaft abschmecken und mit Schmand oder Crème fraîche verfeinern. Sonnenblumenkerne in einer beschichteten Pfanne ohne Fettzugabe kurz anrösten und Suppe mit Sonnenblumenkernen garniert servieren.

REISEN IM KOPF

Reisen erweitert den Horizont, man kommt raus und in eine andere Umgebung. Das kann sehr inspirierend sein, weil schon allein durch die Änderung des Standpunkts neue Ideen fließen können.

Manchmal ist Reisen aber einfach nicht möglich. Woran es auch immer liegen mag, Zeit- oder Geldmangel oder auch Umweltbewusstsein: Es ist eben manchmal keine Option. Reisen im Kopf kann da Abhilfe schaffen. Gut, wenn man auf früheren Reisen Fotos oder Skizzenbücher angefertigt hat, die können zur Inspiration verwendet werden. Reiseführer oder eine Suche im Internet können aber auch inspirierend sein.

Dazu einfach das passende Frühstück auftischen und schon kann die imaginierte Reise losgehen.

Zuerst geht es nach Italien

Die meisten kreativen Menschen lieben Italien. Und nicht nur wegen des Goethe-Zitats »Kennst du das Land, wo die Zitronen blühn ...«, sondern aus vielerlei Gründen. Es gibt fantastische Eiscreme, die auch Eismuffel von den Socken haut, wunderschöne Gebäude mit Kunstwerken oder charmant abbröckelnder Farbe, total leckere Pasta (oder Pizza oder Aperitivo oder Antipasti oder an was auch immer du dich gerne erinnerst).
Der Kaffee ist immer gut, egal ob auf der Piazza oder an der Tankstelle serviert. Und meist, sogar an einigen Orten in Venedig, bekommt man ihn sehr günstig. Und das war es dann auch schon fast, was du zum italienischen Frühstück brauchst: Eine der folgenden Kaffeespezialitäten und ein Croissant. Das nennt man in Italien Cornetto.

Espresso

Mit ca. 9 bar Druck wird heißes Wasser durch Espressopulver gepresst. Die Kaffeebohnen für Espressopulver werden stärker geröstet als für Kaffeepulver. Eine Tasse Espresso enthält weniger Koffein als eine Tasse Filterkaffee, aber durch die geringere Menge Wasser schmeckt er kräftiger.

Cappuccino

ist ein Espresso mit ca. 60 Milliliter geschäumter frischer ca. 70 °C heißer Milch (Hafermilch ist natürlich auch okay!).

Caffè Latte

verlängerter Espresso und aufgeschäumte Milch 1:1

Latte macchiato

Latte heißt »Milch« und *macchiato* »gefleckt«. In diesem Fall also wenig Espresso und viel Milch. (Im Gegensatz zu Espresso macchiato, einem Espresso mit wenig Milchschaum.)

Laut Duden ist die Mehrzahl von Cappuccino im Deutschen Cappuccinos. Das italienische Wort heißt wörtlich übersetzt »kleine Kapuze«, es bezieht sich auf das österreichische Kaffeegetränk Kapuziner und dessen braune Farbe, die an die Kutte der Kapuzinermönche erinnert.
Lieblings
KAFFEeS
ilchkaffee
Cappuccino
filter
French press
Flat white
Espresso
arabischer Mocca
Latte macchiato
Café Crème

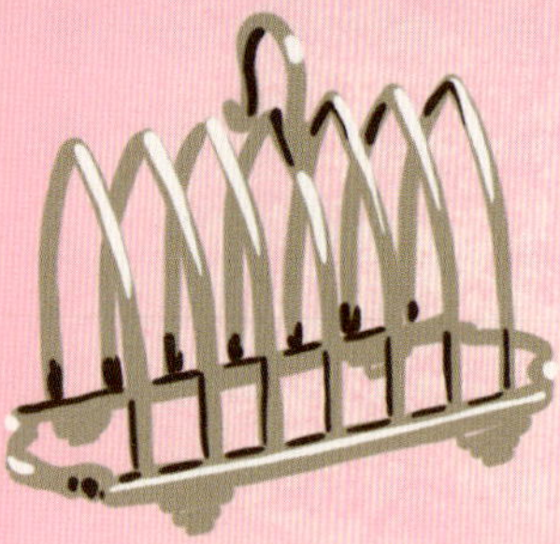

Englisches Frühstück

Als Nächstes geht es nach Großbritannien. Wenn du schon mal in England oder Schottland warst, hast du dir als Andenken vielleicht eine Tasse mit einem Bild der Queen oder mit einem roten Doppelstockbus mitgebracht.

Ich liebe England, gleich nach dem Abitur war ich ein halbes Jahr in England und Schottland. Wundere dich also nicht, wenn jetzt viele Rezepte kommen. Aber auch, wenn ich es sehr mag, ist es doch etwas eigen. Es gibt eher Tee als Kaffee zum Frühstück, bittere Marmelade, salzige Butter und einen Hefeaufstrich namens Marmite. Ganz zu schweigen vom Drumherum: dem Linksverkehr und den Maßeinheiten Meile, Fuß, Unze und Pfund. Aber Großbritannien ist immer eine Reise wert. Und nicht vergessen: Du brauchst einen Schirm.
Wenn du dich mal so richtig der Völlerei hingeben willst, dann genieß mal ein:

Full English Breakfast

Was gehört zu einem richtigen englischen Frühstück? Dem sogenannten Full English Breakfast? Niemand außer Touristen isst es wirklich. Höchstens ein, zwei Mal im Jahr gönnen sich Engländer oder Schotten so ein mächtiges Essen.

Neben dem klassischen schwarzen Tee und einem Glas Orangensaft gehört dazu Toast mit salziger Butter und Orangenmarmelade. Du kannst aber auch mit Frühstücksflocken oder Porridge beginnen und das Marmeladentoast am Schluss essen.

Außerdem gehören zu einem Full English Breakfast:
2 Spiegeleier mit Speck. Und kleine Portionen: gebratene halbierte Tomaten, gebratene Pilze, Baked Beans (weiße Bohnen in Tomatensauce aus der Dose) und kleine englische Bratwürstchen. Letztere lassen sich durch gebratene kleine Nürnberger Würstchen ersetzen. Dazu werden manchmal auch eine Scheibe Black Pudding (Blutwurst) oder kleine gebratene Kartoffeln gegessen.

Carrot Cake ist ein typisch englischer Kuchen:

KAROTTENKUCHEN

Für 1 Kuchen

Für den Teig: 3 Karotten, 150 g weiche Butter und etwas Fett für die Form, 100 g Rohrzucker, je 1 TL frisch geriebene Muskatnuss und gemahlene Nelken, 4 Eier, 200 g Mehl, 1 Päckchen Backpulver, 4 EL gemahlene Haselnüsse

Für das Frosting: 200 g Doppelrahm-Frischkäse, 100 g weiche Butter, 100 g Puderzucker

Backofen auf 175 °C (Umluft: 155 °C) vorheizen. Für den Teig Karotten schälen und fein raspeln. Butter, Zucker und Gewürze mithilfe eines Handrührgeräts verrühren. Eier nacheinander zugeben und alles schaumig rühren.

Mehl und Backpulver mischen, sieben und unterrühren. Karotten und Nüsse unterheben. Alles zu einem dickflüssigen Teig vermischen (bei Bedarf etwas heißes Wasser unterrühren).

Teig in eine gefettete Springform (26 cm Durchmesser) geben und etwa 45 Minuten im vorgeheizten Backofen backen. Auf einem Kuchengitter abkühlen lassen und aus der Form lösen.

Für das Frosting Frischkäse und Butter verrühren und gesiebten Puderzucker nach und nach unterrühren, bis eine cremige Masse entstanden ist. Frosting auf dem Kuchen glatt verstreichen und Kuchen servieren oder bis zum Servieren kühl stellen.

TIPP

Aus dem Teig einen kleineren Kuchen backen, Kuchen quer halbieren oder dritteln, Kuchenböden jeweils mit etwas Frosting bestreichen und aufeinandersetzen. Kuchen nach Belieben zusätzlich mit Marzipankarotten garnieren.

Scones

Ein weiteres typisch englisches Gebäck sind Scones. Sie gehen schnell und vervollständigen ruckzuck dein englisches Frühstück.

Für ca. 8 Stück
250 g Mehl und etwas Mehl für die Arbeitsfläche,
½ Päckchen Backpulver, 100 g Butter in Flöckchen,
1 Ei, ca. 6 EL Milch, 1 Prise Salz, 2 EL Rosinen,
1 EL getrocknete Cranberrys

Backofen auf 200 °C (Umluft: 180 °C) vorheizen. Mehl, Backpulver, Butter, Ei, Milch und Salz zu einem Teig verkneten. Rosinen und Cranberrys zugeben und unterkneten.

Teig auf einer bemehlten Arbeitsfläche ca. 3 Zentimeter dick kreisförmig ausrollen und in Tortenstücke schneiden oder mit einem Glas oder großen Ausstecher Kreise ausstechen.

Teigstücke oder -kreise auf ein mit Backpapier belegtes Backblech setzen und im vorgeheizten Backofen etwa 15 Minuten backen. Herausnehmen, auf einem Kuchengitter leicht abkühlen lassen und lauwarm servieren.

Tipp

Traditionell werden Scones mit Double cream (Crème double) und Himbeermarmelade genossen. Man kann jedoch auch Schmand oder einfach nur Butter verwenden.

Orangenmarmelade

Für ein englisches Frühstück unverzichtbar ist auch Orangenmarmelade – zum Beispiel nach folgendem Rezept zubereitet –, die hervorragend zu Vollkorntoast mit gesalzener Butter passt.

Für 1 Glas
3 unbehandelte Orangen,
Gelierzucker 2:1

2 Orangen schälen und Filets zwischen den weißen Trennhäuten herausschneiden. Restliche Orange gründlich unter heißem Wasser abwaschen und trocken reiben. Schale dünn mit einem Sparschäler abschälen und gegebenenfalls in feinere Streifen schneiden. Fruchtfleisch ebenfalls filetieren. (Beim Schälen darauf achten, dass die bittere weiße Haut mit entfernt wird.) Orangenfilets klein schneiden und entkernen.

Fruchtfleisch und Schalenstreifen zusammen abwiegen und die halbe Menge an Gelierzucker zugeben. Alles in einem Topf aufkochen und unter gelegentlichem Rühren etwa 30 Minuten kochen lassen, bis der Gelierzucker sich aufgelöst hat und die Schale weich ist (Gelierprobe machen).

Marmelade vom Herd nehmen, noch heiß in ein sterilisiertes Schraubdeckelglas füllen, sofort verschließen, etwa 5 Minuten auf den Kopf stellen, umdrehen und vollständig auskühlen lassen.

Frankreich

Die nächsten Gedanken führen uns nach Frankreich. Die Franzosen sind nicht als große Frühstücker bekannt. Oft reicht ihnen schon ein Croissant und eine Schale *Café au Lait* (Kaffee mit Milch). Aber sie kennen ein paar sehr leckere Zwischenmahlzeiten, die man auch zum Frühstück essen kann.
Nimm dir also ein Buch von Simone de Beauvoir oder ein Fotoalbum mit Schwarz-Weiß-Fotos von Paris und genieß einen Croque Monsieur oder einen Croque Mademoiselle (siehe folgende Seiten).
Du kannst aber auch einen der sieben Bände von Marcel Prousts »Auf der Suche nach der verlorenen Zeit« zur Hand nehmen. Vielleicht findest du ja die Stelle, in der der Croque Monsieur das erste Mal in der Literatur erwähnt wurde.
Erfunden wurde er 1910 in einem Café in Paris.
Der Croque Mademoiselle ist eine Erfindung aus neuerer Zeit, er ist die vegetarische Variante.

Klischee! Cliché

Croque Monsieur

Für 4 Stück
4 große Eier, 400 ml Milch,
Salz, Pfeffer aus der Mühle,
8 dicke Scheiben Weiß- oder Bauernbrot,
etwas Butter zum Braten,
8 Scheiben gekochter Schinken,
100 g Hartkäse (gerieben)

Eier und Milch in einer Schüssel kräftig verquirlen und mit Salz und Pfeffer würzen. Brotscheiben jeweils kurz in die Eier-Milch-Mischung tauchen. (Die Scheiben sollten dabei nicht aufweichen.)

Butter in einer großen Pfanne erhitzen. Sobald die Butter zu schäumen beginnt, Brotscheiben portionsweise hineinlegen und bei geringer Hitze in etwa 2 Minuten auf einer Seite goldbraun rösten. Wenden, nochmals etwas Butter zufügen und Brotscheiben von der anderen Seite ebenfalls etwa 2 Minuten rösten.

Brotscheiben jeweils mit 1 Scheibe Schinken belegen, mit etwas Käse bestreuen und Pfannendeckel auflegen. Sobald der Käse zu schmelzen beginnt, Pfannendeckel abnehmen und je zwei Brotscheiben mit der belegten Seite aufeinanderlegen. Brote wenden, noch etwa 1 Minute braten und noch heiß servieren.

Croque Mademoiselle

Für 4 Stück
40 g weiche Butter,
40 g Mehl, 400 ml Milch,
1 Msp. frisch geriebene Muskatnuss,
Salz, Pfeffer aus der Mühle,
4 Croques Monsieur (ohne Schinken, siehe S. 101),
1 EL Öl, 4 Eier

Butter und Mehl in einer Schüssel glatt rühren. Mit Frischhaltefolie abdecken und etwa 20 Minuten kühl stellen.

Milch in einen Topf geben, mit Muskat, Salz und Pfeffer würzen und zum Kochen bringen. Vom Herd nehmen und etwa 15 Minuten abkühlen lassen.

Milchmischung erneut sanft erhitzen und Mehlbutter nach und nach unterrühren, bis die Béchamelsauce eindickt. Dabei darauf achten, dass sich keine Klümpchen bilden.

Backofengrill auf 180 °C vorheizen. Croques Monsieur laut Rezept auf S. 101, jedoch ohne Schinken, zubereiten.

Croques Monsieur auf ein mit Backpapier belegtes Backblech setzen und Sauce gleichmäßig darübergeben. In 3 bis 4 Minuten unter dem heißen Backofengrill goldbraun backen.

Öl in einer großen Pfanne auf mittlere Temperatur erhitzen. Eier hineinschlagen und zu knusprigen Spiegeleiern ausbraten. Croques Monsieur aus dem Ofen nehmen, jeweils mit 1 Spiegelei belegen und sofort servieren.

Fernreisefrühstück

Es geht aber auch noch weiter hinaus in die Ferne. Wenn man im Geiste nach Japan fährt, kann man sich frühstückstechnisch auf für uns eher Ungewöhnliches gefasst machen.

Zuerst einmal sitzt man auf dem Fußboden, vor sich hat man ein kleines Tischchen mit einer Art Campingkocher, einer Flamme und darüber einer gusseisernen Schale. Darin wird die Misosuppe und ein Spiegelei frisch zubereitet.

Dazu gibt es grünen Tee, gekochten Reis, rohen Fisch, diverse eingelegte Gemüse wie Rettich oder Kürbis und etwas Obst. Eine weitere japanische Spezialität, die es in Japan günstig und frisch in jedem 24-Stunden-Shop gibt, heißt Onigiri (Reisbällchen). Misosuppe und Onigiri kann man sehr gut kombinieren, deshalb folgen hier die Rezepte dafür.

Misosuppe

Für 4 Personen

7 g getrocknete Wakame-Algen, 200 g Seidentofu, 2–3 Frühlingszwiebeln, 1–2 TL Dashi-Pulver (Instant-Pulver für japanischen Fischsud), 2 EL helle Misopaste (japanische Sojabohnenpaste)

Wakame-Algen etwa 10 Minuten in lauwarmem Wasser einweichen lassen. Unter fließendem Wasser abspülen, in einem Sieb abtropfen lassen, leicht ausdrücken und in Stücke schneiden. Tofu würfeln. Frühlingszwiebeln putzen, waschen, trocken tupfen und in dünne Ringe schneiden.

Aus dem Dashi-Pulver nach Packungsanweisung 1 Liter Dashi zubereiten. Etwa 200 Milliliter davon abnehmen und Misopaste damit anrühren, damit sie nicht klumpt. Angerührte Misopaste zum restlichen heißen (nicht kochenden!) Dashi geben und unterrühren.

Wakame-Algen und Tofuwürfel zur Misosuppe geben und bei mittlerer Temperatur etwa 5 Minuten in der Suppe erhitzen, bis der Tofu an die Oberfläche steigt. Suppe in Schälchen anrichten und mit Frühlingszwiebeln garniert servieren.

Tipp

Dashi ist ein Fischsud aus getrocknetem Thunfisch und Seetang, der einen als Umami bekannten würzigen Geschmack erzeugt. Das Pulver, ebenso wie Wakame-Algen und Misopaste, ist im Asialaden erhältlich.

Für 4 Stück

250 g Sushi-Reis, etwas Thunfischcreme oder Kräuterfrischkäse für die Füllung, 2 Blätter Nori-Algen

Sushi-Reis nach Packungsanweisung abspülen, garen, quellen und abkühlen lassen. Reis portionsweise mit den Händen zu vier Dreiecken formen. Jeweils eine Vertiefung in die Mitte drücken.

Jeweils etwas Thunfischcreme oder Kräuterfrischkäse in die Vertiefungen geben, mit Reis bedecken und Reisdreiecke nochmals nachformen. Nori-Blätter halbieren, Reisdreiecke jeweils damit umwickeln und servieren.

Hawaii

Noch weiter weg liegt Hawaii. Von hier stammt ein leckeres Gericht, das momentan in europäischen Frühstückscafés und Brunchlokalen schwer angesagt ist.
Es ist ebenso exotisch wie gesund und kann einfach und schnell zubereitet werden.
Dieses Gericht ist eine Kombination aus japanischer und amerikanischer Küche. Poké heißt »in Stücke schneiden«, da die Zutaten vor dem Anrichten in der Schüssel klein geschnitten werden. Typisch für Poké Bowls ist vor allem roher Fisch, hinzu kommt meist Reis und Gemüse wie z. B. Avocados und Algen, teils auch Obst. Inzwischen gibt es jedoch unzählige Varianten des Gerichts, wie etwa das folgende Rezept.

Poké Bowl mit gebratenem Tofu

Für 2 Personen

Für den gebratenen Tofu: 1 Stück Ingwer (ca. 1 cm), 2 Knoblauchzehen, 200 g Tofu, 2 EL Sesamöl, 1 EL Sojasauce

Für die Bowl: 80 g Sushi-Reis, 4 Tomaten, 100 g Räucherlachs, 1 Avocado,

2 TL getrocknete Wakame-Algen (fein zerstoßen), schwarze Sesamsamen zum Bestreuen
Für das Dressing: jeweils etwas Sojasauce, Zitronensaft und Honig

Für den gebratenen Tofu Ingwer und Knoblauch schälen und fein hacken. Tofu würfeln. Ingwer, Knoblauch, Sesamöl und Sojasauce zu einer Marinade vermischen und Tofu darin etwa 1 Stunde marinieren lassen.

Für die Bowl Sushi-Reis nach Packungsanweisung abspülen, garen, quellen und abkühlen lassen und in zwei Schüsseln portionieren. Tofu aus der Marinade nehmen, in einer beschichteten Pfanne von allen Seiten anbraten und zum Reis geben.

Tomaten putzen, waschen, trocken tupfen und würfeln. Lachs in kleine Stücke schneiden. Avocado halbieren, entkernen, Fruchtfleisch aus der Schale lösen und in schmale Streifen schneiden. Tomaten, Lachs und Avocado auf dem Reis anrichten und mit Algen und Sesam bestreuen.

Jeweils etwas Sojasauce, Zitronensaft und Honig in einer Schüssel verrühren, Poké-Bowl-Zutaten mit dem Dressing beträufeln und servieren.

Tipp

Die Poké Bowl lässt sich nach Belieben um weitere Zutaten ergänzen, z. B. dünn geschnittene Zucchinischeiben, Rucolablätter, geraspelte Karotten oder in Streifen geschnittenes Omelett. Dazu einige Hibiskusblüten als Dekoration auf dem Tisch und ein Hawaiihemd angezogen – schon fühlt man sich wie in der Südsee.

REZEPTE ZUM TRÖSTEN UND VERWÖHNEN FÜR SCHLECHTE ZEITEN

Es gibt Zeiten, da geht gar nichts mehr. Man fühlt sich schlapp, energielos, müde oder schlecht gelaunt. Das ist normal und muss nicht gleich bedeuten, dass du krank bist.

Gegen kleinere Stimmungstiefs kann etwas Leckeres zu essen helfen. Schon der Geruch von Pfannkuchen weckt zum Beispiel Kindheitserinnerungen und frisch gekochter Kakao erinnert dich vielleicht daran, wie geborgen du dich damals bei deiner Oma gefühlt hast.

Die Laune kann man auch mit vielen Vitaminen und Bewegung deutlich bessern, leichte Verstimmungen erträgt man eventuell besser mit süßen Mehlspeisen und gegen Kater und Prüfungsängste gibt es auch etwas, wie die folgenden Rezepte beweisen.

RELAX

Erdbeer-Tiramisu

Es gibt eigentlich kaum jemanden, der keine Erdbeeren mag. Die Sommerfrüchte sind so beliebt, dass sie schon im Januar angeboten werden. Richtig lecker sind sie aber nur im Sommer, wenn du sie regional kaufen oder selber ernten kannst. Erdbeeren enthalten viele gesunde Mineralstoffe wie Kalzium, Kalium, Eisen, Zink und Kupfer und außerdem zellschützende Polyphenole.

Außerdem ist der Vitamin-C-Gehalt höher als bei Zitronen. Erdbeeren sind also total gesund, und weil sie so süß sind, sorgen sie gleich noch für gute Laune.

Für 6 Personen

500 g Erdbeeren, 250 g Sahnequark,
250 g Doppelrahm-Frischkäse,
2 EL brauner Zucker oder Agavendicksaft,
1 Päckchen Vanillezucker, etwas Zitronensaft,
100 g Löffelbiskuits, ca. 50 ml Orangensaft oder
kalter Espresso, Kakaopulver zum Bestäuben

Erdbeeren putzen, waschen, trocken tupfen und in kleine Stücke schneiden. Quark, Frischkäse, Zucker oder Agavendicksaft und Vanillezucker verrühren, mit Zitronensaft abschmecken und Erdbeeren unterheben.

Boden einer Auflaufform mit der Hälfte der Löffelbiskuits auslegen (Biskuits dafür nötigenfalls in kleinere Stücke brechen). Biskuits mit etwas Orangensaft oder Espresso beträufeln und Hälfte der Erdbeercreme gleichmäßig darauf verteilen.

Mit restlichen Biskuits bedecken, übrige Erdbeercreme darübergeben und glatt streichen. Oberfläche mit Kakaopulver bestäuben und Tiramisu vor dem Servieren etwa 2 Stunden kalt stellen.

Frühstück für gute Laune

Obst kann definitiv die Laune heben. Allgemein bekannt ist ja bereits, dass sauer lustig macht. Und bei Obstsalat hat man außerdem die Kombination von süß und sauer. Wenn man den Obstsalat mit Bananen zubereitet, können vor allem Frauen davon profitieren, denn der hohe Anteil an Vitamin B6 wirkt dem prämenstruellen Syndrom, aber auch Erschöpfungszuständen entgegen.

Außerdem wirken sie ebenso wie Erdbeeren und Aprikosen stimmungsaufhellend. Das liegt an den Nährstoffen Kalium und Tryptophan, die sogar Depressionen oder Schlaflosigkeit mindern können. Die Aminosäure Tryptophan wird vom Körper in den Neurotransmitter und Glücklichmacher Serotonin umgewandelt. Zusätzlich wird aus einem Teil des Tryptophans Vitamin B3 hergestellt, was wiederum gegen Schlafstörungen, Konzentrationsschwäche, Appetitlosigkeit und Gereiztheit hilft.

Und wenn du dann den Obstsalat noch mit den Superfoods Leinsamen, Chiasamen, Walnüssen oder Blaubeeren verzierst und mit darmflorafreundlichem Joghurt kombinierst, gibt es vor lauter guter Laune kein Halten mehr.

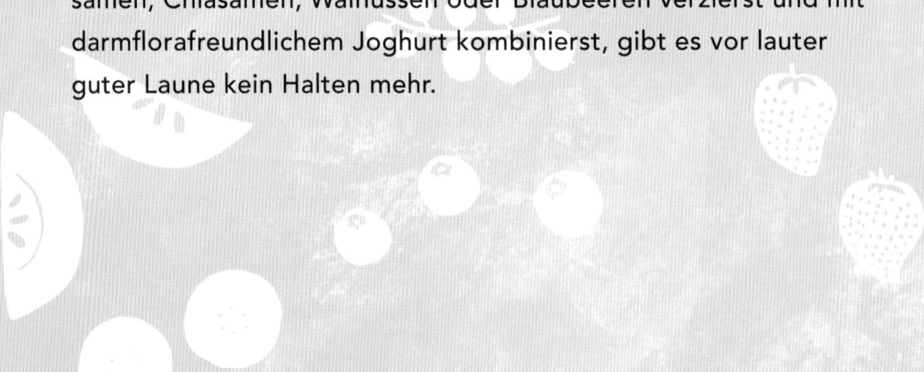

Obstsalat

Für 1 Person

1 Apfel, 1 Birne,
1 Orange, 1 Banane,
Saft von ½ Zitrone,
½ TL Zucker,
1 Prise Zimtpulver

Apfel und Birne waschen, trocken tupfen, entkernen und in mundgerechte Stücke schneiden. Orange und Banane schälen. Orange klein schneiden, Banane in Scheiben schneiden. Obst in einer Schüssel anrichten und mischen.

Zitronensaft, Zucker und Zimt verrühren, bis sich der Zucker aufgelöst hat, mit dem Obst vermischen und sofort servieren.

Tipp

Der Obstsalat lässt sich nach Belieben variieren, beispielsweise mit Weintrauben, Physalis, Blaubeeren, klein geschnittenen Pflaumen, Pfirsichen, Kiwis oder Rosinen.

Pancakes

Es muss ja nicht immer supergesund sein. Ein süßes Dessert, das tröstet und beruhigt, darf auch mal sein. Verbote und Selbstkasteiung bringen gar nichts. Wenn dir zum Beispiel manchmal nach Pancakes ist, dann gönn sie dir.
Viele verbinden mit Eierkuchen Erinnerungen an ihre Großeltern oder andere Kindheitserlebnisse. Da Gerüche fast immer Erinnerungen wecken, ist das nicht verwunderlich. Eierkuchen, verfeinert mit Zimt, riechen einfach unbeschreiblich lecker. Und Pancakes sind ja auch nur eine Variante von Eierkuchen.
Die Pancakes im folgenden Rezept schmecken übrigens auch, wenn man sie mit Dinkel- statt Weizenmehl zubereitet.

Klassischerweise werden Pancakes mit Blaubeeren gegessen. Die sind sehr gesund, weil sie vitaminhaltig sind. (Sie enthalten Vitamin C, E, K sowie B-Vitamine, Magnesium und Eisen, die das Immunsystem beispielsweise gegenüber Erkältungen stärken.) Vor allem unter der blauen Schale stecken viele effektive Antioxidantien, die schädliche freie Radikale im Körper bekämpfen. Auch bei Stress gibt es nichts Besseres als Blaubeeren. Das macht dann den Kaloriengehalt der Pancakes wieder wett.

Für 2 Personen

100 g Mehl, 2 TL Backpulver,
125 ml Milch, 2 Eier,
1 EL Zucker, 1 Prise Salz,
etwas Öl zum Ausbacken,
einige Blaubeeren, etwas Joghurt und
nach Belieben etwas Ahornsirup zum Servieren

PANCAKES

Mehl und Backpulver sieben. Milch, Eier, Zucker und Salz in einer Schüssel verrühren und Mehlmischung gründlich unterrühren. Pancake-Teig etwa 10 Minuten ruhen lassen.

Etwas Öl in einer beschichteten Pfanne erhitzen. Teig mithilfe einer Schöpfkelle portionsweise abnehmen, in die Pfanne geben und bei mittlerer Hitze jeweils etwa 2 bis 3 Minuten von beiden Seiten goldbraun ausbacken.

Pancakes noch warm mit gewaschenen Blaubeeren sowie etwas Joghurt und nach Belieben Ahornsirup anrichten und servieren.

Frühstück für Aufgeregte

Es gibt Situationen, in denen man so aufgeregt ist, dass man nichts essen kann. Das ist häufig vor Prüfungen oder vor Auftritten der Fall. Manche nennen es Lampenfieber.
Was kannst du dagegen tun? Es wäre gut, wenn du dich vorher stärkst. Dann bist du konzentrierter und sicherer und besser vor einem Blackout geschützt. Gut dafür geeignet ist flüssige Nahrung, angereichert mit milden Früchten, fit machendem Joghurt und konzentrationssteigernden Samen. Zum Beispiel ein Smoothie. Leicht zu trinken bei Lampenfieber und Aufgeregtsein und trotzdem etwas Gutes für Körper und Geist.

Smoothie mit Chiasamen

Für 1 Person

½ Banane, 1 Kiwi, ½ Apfel oder Birne,
1–2 TL Chiasamen, 50 g Joghurt, etwas Wasser

Banane und Kiwi schälen, Apfel oder Birne waschen, trocken tupfen und entkernen. Früchte grob zerkleinern und mit Chiasamen in einen Standmixer geben. Joghurt zugeben und so viel Wasser zufügen, dass das Obst vollständig bedeckt ist. Alles bis zur gewünschten Konsistenz pürieren, in ein Glas füllen und genießen.

Tipp

Das Rezept lässt sich nach Belieben durch weitere Zutaten variieren, beispielsweise mit getrockneten Datteln, Blaubeeren, Mango, Pflaumen oder etwas Zitrone.

Smoothie

Gugelhupf

Ein klassischer Kuchen, ein Fest fürs Auge und für die Sinne. Und weil den so ziemlich jeder auch schon mal als Kind gegessen hat, hat er etwas ungemein Tröstliches. Er kann dich zurückkatapultieren in Zeiten, als das Leben noch frei von Problemen war und die Sonne immer schien. Gugelhupf heißt er natürlich nicht überall, sondern Bäbe, Napfkuchen oder Bundkuchen. Hier folgt ein Rezept aus Österreich:

Kaisergugelhupf

Für 1 Kuchen

Fett und Semmelbrösel für die Form,
4 Eier, 130 g Zucker,
Mark von ½ Vanilleschote,
200 g Sahne, 130 g Puderzucker,
250 g Mehl, 1 Päckchen Backpulver,
etwas Rum, Puderzucker zum Bestäuben

Backofen auf 200 °C (Umluft: 180 °C) vorheizen. Eine Gugelhupfform einfetten und mit Semmelbröseln ausstreuen. Eier trennen. Eiweiße mit Zucker und Vanillemark mithilfe eines Handrührgeräts steif schlagen, bis sich der Zucker vollständig aufgelöst hat und der Eischnee Spitzen zieht.

Sahne in einer großen Schüssel steif schlagen, dabei Puderzucker nach und nach unterrühren. Eigelbe untermischen. Mehl und Backpulver vermischen.

Eischnee unter die Sahne-Eigelb-Masse heben, Mehlmischung darübersieben und vorsichtig unterrühren. Rum zugeben und untermischen.

Teig in die vorbereitete Form füllen, glatt streichen und im vorgeheizten Backofen 45 bis 50 Minuten backen.

Herausnehmen, einige Minuten auf einem Kuchengitter abkühlen lassen, auf einen Kuchenteller stürzen und vollständig auskühlen lassen. Mit Puderzucker bestäubt servieren.

Wenn das Wetter schlecht ist,
man friert oder traurig ist, kann heißer Kakao Wunder wirken. Er wärmt bis in die Zehenspitzen, kann die Stimmung verbessern – und schon ist man mit der Welt versöhnt.

Trostgetränk Kakao

Für 2 Tassen

1 TL ungesüßtes Kakaopulver, etwas heißes Wasser,
250 ml Milch oder Hafermilch, 1 TL Rohrzucker

Kakaopulver in etwas heißem Wasser anrühren. Milch oder Hafermilch erhitzen. Angerührtes Kakaopulver und Rohrzucker zugeben und unterrühren, bis sich der Zucker aufgelöst hat. Kurz aufkochen lassen, Kakao in vorgewärmte Tassen füllen und servieren.

Hinweis: Kakao enthält über 300 verschiedene Stoffe wie zum Beispiel Mineralien und Vitamine. Zu den Inhaltsstoffen zählen auch der Pflanzenstoff Flavonol, der vor Herz-Kreislauf-Erkrankungen schützen soll, sowie die natürlichen Stimmungsaufheller Serotonin und Dopamin.

Theobroma Cacao. L.

Kichererbsensuppe für
die Seele

Diese Suppe schmeckt und duftet sehr lecker. Sie wärmt und hinterlässt ein wohliges Gefühl im Bauch. Genau richtig für kalte Tage oder im Winter.

KICHERERBSENSUPPE

Für 4 Personen

4 EL Pflanzenöl, 4 Zwiebeln (grob gehackt),
4 Knoblauchzehen (fein gehackt),
1 TL getrocknete oder geschrotete Chilischoten,
2 TL edelsüßes Paprikapulver,
4 TL Kreuzkümmelpulver,
2 Dosen Kichererbsen (à 480 g Abtropfgewicht),
2 l Gemüsebrühe, 4 Tomaten (gewürfelt),
2 Frühlingszwiebeln (fein gehackt),
Salz, Pfeffer aus der Mühle,
Saft von 1 Limette, 3 EL frischer Koriander (gehackt),
8 EL Naturjoghurt

Öl in einem großen Topf erhitzen. Zwiebeln und Knoblauch darin anbraten. Chili, Paprikapulver und Kreuzkümmel zufügen und mitbraten, bis die Gewürze duften.

Abgespülte Kichererbsen unterrühren und Gemüsebrühe zugießen. Tomaten und Frühlingszwiebeln zugeben.

Das Ganze aufkochen und bei mittlerer Hitze etwa 10 Minuten köcheln lassen. Vom Herd nehmen und mit Salz, Pfeffer und Limettensaft würzen. Suppe mithilfe eines Stabmixers pürieren. Jede Portion mit Koriander und jeweils 2 Esslöffeln Joghurt garniert servieren.

Katerfrühstück

Auch das Katerfrühstück hat seinen verdienten Platz unter all den Frühstücksrezepten. Hattest du etwa eine Ausstellungseröffnung oder warst du zu lange auf einer Premierenparty? Keine Sorge, kann mal vorkommen. Wir haben Verständnis und eine Lösung, was du nach dem Hangover tun kannst, damit es dir, deinem Körper und deiner Kreativität wieder besser geht. Je mehr Alkohol man trinkt, desto schwerer fällt es dem Körper, ihn beschwerdefrei abzubauen. Es kommt zu Kopfschmerzen, Übelkeit und Erschöpfung. Alkohol entzieht dem Körper Wasser, also solltest du auch viel trinken, am besten Wasser ohne Kohlensäure und mindestens 2 Liter. Außerdem bieten sich mineralstoffreiche und salzige Speisen an, um den Elektrolythaushalt auszugleichen. Als typisches Katerfrühstück sind daher Rollmops und Espresso mit Zitrone bekannt. Es kann aber auch ein leckerer Heringssalat mit Radieschen sein.

Heringssalat mit Radieschen

Für 1 Person

Für den Salat: ½ Apfel, 5 Radieschen, ½ Zwiebel, 1 Matjesfilet (à 80 g)

Für das Dressing: 2 EL saure Sahne, 1 EL Zitronensaft, etwas Senf, Salz und Pfeffer aus der Mühle

Für den Salat Apfel und Radieschen waschen und trocken tupfen. Apfel entkernen und würfeln, Radieschen in feine Scheiben schneiden. Zwiebel schälen und fein hacken. Matjesfilet in kleine Stücke schneiden. Zutaten in einer Schüssel vermischen.

Für das Dressing saure Sahne, Zitronensaft sowie etwas Senf, Salz und Pfeffer verrühren, zum Salat geben, alles gut vermischen und servieren. Dazu passt geröstetes Vollkornbrot.

Rezeptverzeichnis

Die Autorin

Constanze Guhr ist in Leipzig aufgewachsen, lebt aber seit über 25 Jahren in Berlin. Hier hat sie studiert, zwei Jahre ein Kunstprojekt in einer alten Gaststätte betrieben, dreimal die Wohnung gewechselt, ein Kind bekommen und ein Atelier mitbegründet. Seit 2004 arbeitet sie als selbstständige Illustratorin im Gemeinschaftsatelier petit4. Ihr Titel *Mein wunderbares Gartenbuch*, ebenfalls bei Gerstenberg erschienen, wurde 2012 unter die Top 5 der deutschen Gartenbücher gewählt.

www.constanzeguhr.de

Impressum

Originalausgabe
1. Auflage 2022

Satz: twinbooks, München
Druck und Bindung: DZS Grafik d.o.o., Ljubljana

Printed in Slovenia

ISBN 978-3-8369-2175-6
www.gerstenberg-verlag.de